Travailleuses invisibles

Les métiers de la discrimination au Maroc

EN TOUTES LETTRES

Travailleuses invisibles

Les métiers de la discrimination au Maroc

EN TOUTES LETTRES

Ce livre a été publié avec le concours de **l'Ambassade de France au Maroc** dans le cadre du projet **Openchabab**, ainsi que d'**Oxfam au Maroc**.

Couverture et conception graphique : Aïcha El Beloui
ISBN 978-9920-9235-4-5
ISSN 2351-9525

info@etlettres.com - www.etlettres.com
Casablanca, novembre 2022

EN TOUTES LETTRES est membre de l'Alliance internationale des éditeurs indépendants.
Pour une édition indépendante, engagée pour notre société, l'humanité et l'environnement.

Alliance internationale des éditeurs indépendants

collection enquêtes

Enquêtes est une collection dédiée au journalisme d'investigation et à l'écoute de notre société. Chaque livre éclaire une thématique, qu'il aborde à travers plusieurs reportages et enquêtes. Enquêtes, c'est d'abord une démarche : un travail de terrain pour aller à la rencontre de celles et de ceux dont la voix peine à se faire entendre, une restitution fidèle de ces témoignages, un récit simple et documenté, qui refuse le sensationnalisme et le pathos et en appelle à l'intelligence des lecteurs, tout autant qu'à leur conscience. Bref, des livres pour inciter les citoyens à prendre part au débat public en connaissance des enjeux.

Hicham Houdaïfa, directeur de la collection

Sommaire

Des injustices structurelles

Hicham Houdaïfa

Ce livre a vu le jour grâce à Oumaima Jmad. Lauréate d'une des sessions de notre programme Openchabab dédiée à l'égalité entre femmes et hommes en 2019, elle nous avait envoyé un texte sur les discriminations que subissent les hôtesses de l'air, en raison de leur âge, de leur physique, de leur poids… Ce métier de personnel navigant commercial (PNC), qui fait encore rêver filles et garçons, n'est pas vécu de la même manière par les hommes et par les femmes qui l'exercent. Ce texte nous a ainsi interpellés sur les discriminations qui touchent les femmes dans de nombreux autres secteurs : des arts populaires avec les cheikhates aux barmaids en passant par les ouvrières des secteurs agricole, textile, agro-alimentaire, les intérimaires du ménage ou encore les éducatrices du préscolaire.

Cet ouvrage est d'une urgente nécessité, tant les chiffres montrent de manière flagrante que l'égalité femmes/hommes dans le monde du travail demeure un vœu pieux. D'abord, le taux d'activité des femmes ne cesse de baisser depuis des années : selon le Haut-Commissariat au Plan (HCP), il est passé de 30,4 % en 1999 à 23,6 % en 2016. En 2020, il n'était plus que de 19,9 %, contre 70,4 % pour les hommes. Selon le même organisme, en 2019, les femmes sans emploi étaient au nombre de 10,5 millions, soit 78,5 % de la population féminine de plus de 15 ans. Trois femmes sur quatre sont officiellement sans travail[1]. Si la grande majorité est femme au foyer, elles assument des tâches de soin et d'aide à la famille qui ne sont pas comptabilisées.

Il y a par ailleurs la nature du travail au féminin. Là encore, la situation est loin d'être reluisante. Ce sont les secteurs de l'agriculture, de la forêt et de la pêche qui emploient près de 44,8 % des Marocaines. Dans les villes, elles travaillent dans les services (40,4 %). L'industrie et l'artisanat emploient 14,2 % des femmes[2]. Dans tous ces domaines, « le sous-emploi et l'emploi vulnérable se sont féminisés. Quand la famille est pauvre, ce sont les filles et les femmes qui se sacrifient et acceptent un emploi vulnérable et indécent, rémunéré ou non, dans le cadre d'une affaire familiale, que ce soit en milieu rural ou urbain », nous explique la sociologue Zoubida Reghay dans le grand entretien du livre. Les femmes, qu'elles soient éducatrices, ouvrières, agentes d'entretien, etc. travaillent dans des conditions pénibles et pour des rentrées d'argent modiques. Elles occupent donc des fonctions en majorité précaires, généralement dans l'informel, où elles ne bénéficient que rarement de leurs droits sociaux et de la couverture sociale, avec des salaires inférieurs à ceux des hommes. D'ailleurs, selon le Global Gender Gap Report (WEF),

1. https://www.hcp.ma/Note-d-information-du-Haut-Commissariat-au-Plan-a-l-occasion-de-La-journee-nationale-de-la-femme-du-10-octobre-2020_a2602.html (consulté le 17 octobre 2022).

2. *Ibid.*

le Maroc est classé 136ème sur 146 pays en 2022 d'après l'indice des inégalités de genre qui combine les quatre indicateurs suivants : participation et opportunités économiques, taux de scolarisation, santé et survie, et autonomisation politique.[3]

Lutter contre ces discriminations, ce n'est pas juste rendre justice aux femmes, c'est aussi rendre notre société plus équitable.

Nous avons tenu à réaliser ce livre avec les jeunes lauréats d'Openchabab, dans un souci de formation, mais également de transmission de bonnes pratiques journalistiques, que ce soit au niveau du travail de terrain ou de l'écriture des textes – démarche qu'En toutes lettres a initiée avec deux titres parus dans la collection Enquêtes : *Migrations au Maroc : l'impasse ?* (2019) et, plus récemment, *Maroc : justice climatique, urgences sociales* (2021). En effet, les débats que nous avons eus lors de la seconde session consacrée à l'égalité femmes/hommes ont témoigné de leur vive sensibilité à ce sujet et de leur engagement profond afin de faire reculer les injustices fondées sur le genre. Nous espérons poursuivre et étendre ce travail de formation et d'édition inclusive à travers le Mouvement Openchabab, qui permettra aux lauréats de ces ateliers d'essaimer vers les universités et la société civile, et de créer et animer de nouveaux espaces de débat et de pensée critique. Pour un Maroc plus juste.

3. https://www.statista.com/statistics/1247366/gender-gap-index-in-morocco-by-category/ (consulté le 17 octobre 2022).

Transport : Hôtesses de l'air, un métier à turbulences

Oumaima Jmad

"I am much more than a pretty face, and don't you forget it. I might save your life one day."[1]

Beauté, liberté, argent, bonheur… le métier de personnel navigant commercial (PNC) est entouré d'un mythe et suscite des fantasmes. C'est certes une activité professionnelle qui permet aux jeunes de tous les coins du monde d'aller à la découverte de nouveaux horizons. Mais au sens économique, un personnel navigant commercial est avant tout un employé et un salarié. Ce sont des femmes, des hommes et des individus non-binaires qui ont été formé.e.s pour se charger de la sûreté, de la sécurité, du sauvetage et du confort des passagers en contrepartie d'un salaire versé par la compagnie. Les femmes exerçant ce métier sont couramment appelées *hôtesses de l'air* et les hommes *stewards*. Bien que le titre de personnel navigant commercial ait vu le jour

1. Une hôtesse de l'air anonyme.

pour mettre fin à la distinction entre les hôtesses de l'air et les stewards, les appellations courantes soulignant la non-neutralité de la profession ne manquent pas : fille de l'air / garçon de carling, hôtesse / steward, steward / stewardess, etc. Ceci renvoie aux deux principes qui caractérisent les métiers mixtes, à savoir la séparation et la hiérarchie : dès lors qu'il existe une séparation entre les femmes et les hommes dans un métier, il y a des inégalités de genre à relever.

Son corps, leurs règles

Les inégalités entre les hôtesses de l'air et les stewards se manifestent dès le premier contact avec le métier. Les femmes font face à des critères de sélection très exigeants. La compagnie marocaine, Royal Air Maroc, exige que les hôtesses soient âgées de moins de 27 ans et mesurent au moins 1,60 m pour pouvoir postuler. Elles doivent maîtriser deux langues étrangères et présenter des photos d'elles en gros plan et en plan d'ensemble dans leur dossier. Suite à cette présélection basée sur l'apparence, le jour de l'entretien d'embauche, les candidates doivent passer d'abord par la balance pour que la compagnie puisse vérifier leur poids.

Le poids est une source de stress, de souffrance ou encore d'anxiété pour les hôtesses de l'air tout au long de leur carrière. Lors des briefings, les instructeurs, les chefs de cabine, les commandants de bord, toute la hiérarchie a son mot à dire ou son rapport à écrire concernant leur apparence. Si la compagnie juge qu'une femme est « grosse », cette dernière est privée de vols jusqu'à ce qu'elle perde du poids. Ce qui a des conséquences sur son revenu. Pour éviter ce scénario, les hôtesses se tuent dans les salles de sports, optent pour le jeûne intermittent ou, pire, développent des troubles de conduite alimentaire, comme c'est le cas de Meriem[2] : « Le premier jour, la compagnie a vérifié mon poids : je pesais 62 kg pour 1,72 m. J'ai été sélectionnée pour intégrer le programme de formation de la compagnie. Durant les trois mois de cours, j'ai pris 10 kg en raison du stress des préparations. Avant de signer mon contrat, la compagnie a une fois encore vérifié mon poids. Le jury a été sans merci. J'ai dû alors m'inscrire dans une salle de sport alors que je n'en avais pas les moyens. Je ne mangeais presque plus. J'ai perdu les dix kilos en un temps record et pourtant je me trouvais toujours grosse. J'ai commencé à me faire vomir. Parfois, durant le vol, je mange et j'entre dans les toilettes pour me faire vomir en ayant peur de boucher les toilettes. Mon corps ne m'appartient plus et je ne suis jamais satisfaite de mon reflet dans le miroir. »

Après l'étape de recrutement basée sur un grand nombre de critères stéréotypés et discriminatoires à l'encontre de plusieurs femmes, celles qui sont retenues doivent suivre trois mois de formation pour obtenir leur certificat de secourisme et de sauvetage, puis trois semaines d'intégration à la compagnie et soixante heures de stage à bord. Pendant cette période, les hôtesses de l'air, qui ne perçoivent pas encore la moindre indemnisation, doivent tout de même se présenter quotidiennement au siège de la compagnie tirées à quatre épingles. On leur inculque le respect du système hiérarchique, voire même à « raser les murs », par le biais d'humiliations, comme l'obligation de

2. L'étude a été entamée dans le cadre d'un mémoire de recherche encadré par la professeure Aicha Barkaoui sur le travail des personnels navigants commerciaux pour l'obtention du diplôme du Master Genre, Sociétés et Cultures en 2017. Ce travail a été ensuite repris sous l'encadrement du professeur Jamal Khalil. Dans le cadre du présent ouvrage, ces données ont été actualisées. Cent questionnaires, une observation participante d'une durée de dix mois et des entretiens semi-directifs ont été réalisés pour comprendre le travail et les relations que les PNC entretiennent. Les prénoms des enquêté.e.s ont été modifiés.

récurer les toilettes ou de faire toute la vaisselle à bord, bien que cela ne relève pas de leurs tâches en tant que personnel navigant commercial.

La compagnie marocaine est intransigeante quant à l'apparence de ses hôtesses de l'air. « Être belle jusqu'au bout des ongles » est le slogan qu'une charte d'apparence leur impose de mettre en pratique. « Hôtesses : mettez de l'art dans votre tenue », « Cheveux : jouez l'harmonie » et « Maquillage : ne laissez rien au hasard », préconise le *Manuel d'Opération Cabine*[3], qui détaille jusqu'à la couleur du vernis à ongles. Y figure également un tableau énumérant « les règles du port de l'uniforme féminin », où il est exigé qu'elles portent des talons hauts et n'aient pas de tatouages apparents.

Royal Air Maroc précise que le respect de cette charte vise à donner une image positive de la compagnie et de ses hôtesses de l'air. C'est toujours sur les femmes qu'elle mise pour embellir son image et attirer la clientèle. En 2021, la compagnie a présenté les nouveaux uniformes de son personnel.[4] Alors que ceux des hommes sont neutres, à savoir les classiques chemise, veste, pantalon et cravate, pour les femmes, la compagnie a encore une fois conçu des uniformes attrayants, colorés et qui mettent en avant la « féminité » des hôtesses. Elles doivent porter des jupes ou des pantalons tailles hautes en gris, rose poudré, aubergine, avec des tuniques colorées. Le tout est assez moulant, sans oublier les pénibles talons hauts exigés et un tarbouch. Imane commente avec humour ces nouveaux uniformes imposés : « Je les déteste, même si c'est la mode. Avant, seuls les foulards avaient pour thème le

---

3. Royal Air Maroc, *Manuel d'Opération Cabine*, 2017. Un document qui regroupe toutes les procédures qui doivent être respectées par les PNC de la compagnie.
4. Perrotey, Céline, « Royal Air Maroc : Un nouveau look "hors du temps" », *in L'économiste*, 28 juillet 2005. Disponible sur http://www.leconomiste.com/article/royal-air-maroc-un-nouveau-look-171hors-du-temps171 (consulté le 6 septembre 2022).

zellige, mais maintenant, c'est toute la tenue. J'ai l'impression que nous sommes des zelliges ambulants. On dirait que je traîne la maison de mon grand-père. Si seulement j'étais un steward pour passer discrètement ! »

L'utilisation de l'apparence des femmes à des fins commerciales se manifeste également à travers les affiches publicitaires. Ceci ne date pas d'hier : au début des années 1970, la compagnie américaine internationale Pan Am avait conçu des affiches publicitaires où il était écrit : « Comment voulez-vous votre hôtesse ? ». Le succès de ces affiches auprès de la gent masculine a poussé la compagnie à investir 9,5 millions de dollars dans une publicité pour le moins sexiste : un court-métrage présentant plusieurs hôtesses de l'air en maillot de bain, chacune avec un message : « Je suis Cheryl, pilotez-moi », « I'm Maggie, fly me ! » ou encore « Je vais vous piloter comme on ne vous a jamais piloté auparavant ». Si cette campagne a beaucoup choqué, la Pan Am a vu son chiffre d'affaire augmenter… Dans le contexte marocain, si la Royal Air Maroc n'a pas atteint les extrêmes en termes de représentation des hôtesses de l'air, contrairement à d'autres compagnies internationales, elle mise néanmoins sur les femmes pour faire sa promotion et les met en avant lors des émissions, des réceptions, des inaugurations de nouvelles lignes, des événements sponsorisés par la compagnie et sur les supports publicitaires. La compagnie fait appel à des agences d'hôtesses d'accueil et de mannequins pour ses activités ou encore recourt à ses hôtesses d'accueil et de l'air. Sur les capsules vidéo produites par la Royal Air Maroc, l'acteur Saïd Taghmaoui est accueilli par des femmes toujours souriantes et courbées pour le servir. La série *Fly me to Russia* a pour reporter une femme bien coiffée, habillée aux couleurs de la compagnie, portant des talons hauts et faisant la promotion de la nouvelle ligne Maroc-Russie durant neuf épisodes. La compagnie surveille l'image des femmes qui la représentent et veille à ce qu'elles soient souriantes, polies, disciplinées et soigneusement coiffées et habillées.

Si les femmes sont assignées à leur apparence, c'est loin d'être le cas pour les hommes. La compagnie exige du PNC homme qu'il inspire « respect et, surtout, confiance ». Cette phrase est soulignée dans le *Manuel d'Opération Cabine*, version 2017.

Discriminations de genre, discriminations intersectionnelles

Au contraire, les hommes bénéficient de plusieurs avantages lorsqu'ils exercent un métier dit féminin. En effet, si les femmes rencontrent des obstacles, dont le plafond de verre, les parois de verre et le plancher collant[5] en intégrant des métiers monopolisés par des hommes, les hommes quant à eux bénéficient de l'escalator de verre – sans parler de situations qui flattent leur égo : dans un article du *New York Times*[6], un steward de la Pan Am déclarait que son métier avait plusieurs avantages : non seulement, il lui permettait de voyager mais également d'être le seul homme entouré de plusieurs femmes… Évoluant dans ce domaine, les hommes sont davantage favorisés par rapport à leurs collègues femmes. Ils profitent largement de leur position minoritaire dans ces secteurs. Leur progression de carrière tend, en moyenne, à être plus favorable que celle de leurs collègues femmes et ils accèdent aussi, plus souvent qu'elles, à des positions d'autorité. Ils se

---

5. Le plafond de verre bloque l'évolution des femmes dans leur carrière, le plancher collant les retient dans des fonctions moins élevées, et les parois de verre les maintiennent dans des postes élevés dans des départements non stratégiques.
6. Lindsey, Robert, « U.S. Airlines Seek Stewards to Work Aloft », *in New York Times*, 7 avril 1972. Disponible sur http://www.nytimes.com/1972/04/07/archives/us-airlines-seek-stewards-to-work-aloft.html (consulté le 6 septembre 2022).

voient plus facilement attribuer des tâches ou des spécialisations valorisées.

Une cheffe de cabine témoigne de situations où l'escalator de verre prend forme : « Durant les vols, lorsque je me présente avec un steward, les passagers ne me regardent pas et s'adressent au steward en supposant que c'est lui mon boss, parce que c'est un homme. Imaginez que cette situation se répète souvent, au point que ça ne m'étonne plus. Surtout durant le service, lorsque les femmes doivent porter des tabliers contrairement aux hommes, qui mettent des cardigans. Les passagers ont automatiquement plus de considération pour les stewards. J'ai travaillé avec des hôtesses qualifiées, mais qui ne sont pas devenues cheffes de cabine, contrairement à des stewards, parce que durant leur parcours, elles sont tombées enceintes et n'ont pas travaillé durant des mois, ce qui a laissé le champ libre à des hommes. Nos collègues qui deviennent pères ne sont pas impactés par leur changement de statut. »

Certes, le travail de PNC offre des avantages aux hommes, mais ceci ne va pas sans quelques difficultés. À commencer par les représentations sur les masculinités. Pour éviter tout soupçon d'homosexualité, certains développent des pratiques de neutralisation pour protéger leur réputation professionnelle. À titre d'exemple, les stewards de la communauté LGBTQIA+ refusent de participer aux conversations entre collègues, ils ne sortent pas avec les membres de l'équipage lors des rotations et se retrouvent ainsi à l'écart de toutes les activités en groupe. D'autres stewards prétendent avoir eu des relations sexuelles ou être en couple avec des hôtesses de l'air, ils participent également aux conversations entre collègues en prétendant être hétérosexuels. De même, les stewards de la communauté LGBTQIA+ s'acharnent à paraître virils pour éviter les comportements homophobes de la part de leurs collègues, mais également par peur, car l'homosexualité est illégale au Maroc.[7]

Dans ce sens, il ne s'agit pas que de domination masculine ni d'oppression des femmes, mais aussi d'autres discriminations intersectionnelles, basées sur la classe sociale, l'orientation sexuelle, l'âge, l'origine ethnique, etc. À cet égard, des hôtesses de l'air racontent avoir été victimes de violences et de discriminations non seulement en raison de leur genre, mais également de leur âge, de leur poids, de leur statut familial et de leur origine ethnique, comme c'est le cas des hôtesses de l'air subsahariennes. Awa, une Sénégalaise de plusieurs années d'ancienneté, témoigne : « Pour travailler en première classe, les chef.fe.s de cabine privilégient les femmes, mais surtout les femmes blanches. Les seules fois où j'ai travaillé en première classe, c'est lorsque l'équipage était seulement composé d'hommes, ou alors lorsque les autres femmes étaient nouvelles ou pas assez compétentes. »

Les inégalités entre les femmes et les hommes se manifestent par ailleurs dans la répartition des tâches à bord entre le PNC. S'il existe une mixité aménagée où ils occupent le même poste de travail, ils sont investis de tâches différentes. Des aménagements liés aux qualités supposées innées de l'un et l'autre sexe interviennent et légitiment un traitement différencié entre les stewards et les hôtesses de l'air, qui sont automatiquement orientés vers des tâches selon leur identité de genre. Les hôtesses de l'air, surtout les nouvelles, sont souvent sollicitées pour le nettoyage du galley[8] en plein vol, contrairement

7. L'article 489 du Code pénal criminalise « les actes licencieux ou contre-nature avec un individu du même sexe ». L'homosexualité est punissable de 6 mois à 3 ans d'emprisonnement et d'une amende de 120 à 1 200 dirhams.

8. Espace de la cabine d'un avion réservé à l'équipage. Il compte des équipements de sécurité, des fours, des trolleys…

aux stewards. Elles sont généralement chargées de l'accueil des passagers, de la lecture des annonces et du travail en première classe. Sanae livre son interprétation : « Un passager en première classe a droit à un service personnalisé, à être bien accueilli à bord et à passer un vol de rêve. Tout le monde lui a dit que dans les vols il y a de belles hôtesses au service, il doit retrouver ces belles hôtesses. Il a payé pour arriver en sécurité et pour voir une belle hôtesse. C'est quelque part un fantasme. C'est le fantasme des passagers. Il peut ne rien boire, ne rien manger mais juste passer un vol en voyant une belle hôtesse qui tourne autour de lui. Ce n'est pas pour rien qu'il y a une rubrique "hôtesse de l'air" dans les sites pornographiques. Ça prouve que c'est un fantasme. »

Aux femmes donc attribuées les tâches de *care* dont les hommes sont dispensés. Les hommes quant à eux travaillent généralement en classe économique et sont sollicités pour des tâches qui nécessitent une force physique, telles que soulever les bagages, bien qu'ils ne soient censés le faire qu'avec des passagers qui ont besoin d'une aide. Pour expliquer que les stewards sont généralement affectés à la classe économique, ce pilote rappelle que le PNC qui travaille en première classe doit aussi servir le commandant de bord et le pilote : « Le commandant de bord ne veut pas que ce soit un steward qui le serve. On est tout simplement gênés. Le commandant, le steward et moi sommes tous très mal à l'aise. Cela crée un complexe pour le steward qui se dit : "Je suis un homme comme eux et je suis en train de les servir." Il se sent inférieur, veut se montrer leur égal et faire semblant d'être le meilleur. On se retrouve dans une compétition qui n'a pas lieu d'être. En tant qu'êtres humains, on est tous égaux. C'est le système qui crée une hiérarchie, mais c'est une hiérarchie fictive. Donc, les commandants qui ressentent ce malaise optent pour l'hôtesse. C'est plus facile pour tout le monde, comme ça le stress et la gêne n'ont pas lieu d'être. » De son côté, Imane estime que c'est parce que seules les femmes pourraient supporter les caprices du personnel technique à bord… Quant à Marwane, qui se donne du mal pour cacher son orientation sexuelle, il raconte comment ses collègues le traitent : « Quand l'équipage compte seulement des hommes, les collègues se retournent vers moi pour travailler en première classe. Durant tout le vol, ils m'appelent "notre *hôtessa*". Pour eux, être *hôtessa* est une insulte à la virilité des hommes. En raison de mon identité et de mon respect pour les femmes, cela me révolte. »

Les hôtesses de l'air face aux violences

À bord, les inégalités de genre vont jusqu'à la violence, et plus particulièrement au harcèlement sexuel auxquels les hôtesses de l'air font face. « Flexible », c'est le terme qu'emploie Sara pour expliquer comment le personnel et la compagnie gèrent les violences exercées sur le personnel, d'une manière non systématique : « Il y a parfois des passagers qui insultent ; ils sont signalés à la compagnie et, s'il s'agit d'un harcèlement sexuel, ils sont blacklistés. Si ce sont des insultes racistes envers nos collègues subsahariens, ils sont blacklistés. Après, il y a des harcèlements qui sont gérés par le chef de cabine à bord, mais l'administration n'est pas mise au courant. C'est flexible. »

Les entretiens réalisés font apparaître une certaine normalisation et une banalisation des violences, mais aussi un amalgame entre harcèlement et drague. Des hôtesses ont raconté qu'elles recevaient les numéros de téléphone de passagers notés sur les plateaux ou des bouts de papiers déchirés des magazines, qu'elles étaient habituées à ce que des passagers leurs fassent des commentaires sur leur physique ou leur tenue, et qu'elles se contentaient souvent de sourire en guise de réponse. Mais des femmes ont dénoncé les blagues lourdes, les passagers dragueurs, les gestes déplacés, les avances et les pourboires.

La compagnie a mis en place des procédures contre tout comportement violent. Mais celles-ci se limitent à un système de remontée d'incident de la part des membres de l'équipage lorsqu'ils rencontrent des problèmes à bord nécessitant l'intervention d'autres employés plus expérimentés ou spécialisés pour les résoudre. Le commandant de bord dispose également d'un document au niveau du cockpit qui le guide pour gérer les comportements turbulents des passagers. Le personnel navigant est aussi incité à ne pas provoquer ni participer à des accrochages, faute de quoi ils seront licenciés. Néanmoins, ces procédures ne concernent pas les violences fondées sur le genre et, ainsi, les violences persistent. Elles sont parfois le fait de collègues. Sanae raconte une violence sexuelle due à un abus de pouvoir de la part de son supérieur : « Il était avec nous au galley, on était en train de parler. Il se met à me draguer : "Tu es belle ! Tu as un beau sourire ! On va passer un bon vol !" Je souriais, je souriais ! "Oui ! Merci !" À un moment, il commence à parler avec ses mains et me touche. Mon collègue fait semblant de ne rien voir et se lève. Je n'ai pas réagi. À l'hôtel, il m'appelle dans la chambre. Je ne réponds pas. Juste après, il vient frapper à ma porte. Il me dit de le laisser entrer, qu'il veut juste qu'on parle. Après commence un chantage. » Sanae, qui a opté pour une reconversion professionnelle, a poursuivi en justice le collègue en question. Mais toutes les personnes victimes de violences n'entament pas de procédures…

Ce harcèlement par des passagers et par leurs collègues rend le quotidien d'une hôtesse de l'air pas toujours évident. Meriem qui venait de rejoindre la compagnie en 2017, avait déjà hâte de la quitter : « Parfois, j'ai juste envie de crier en plein vol "MAIS ARRÊTEZ ! Arrêtez de nous prendre pour des poupées !" » Elle raconte sa surprise lorsqu'un commandant de bord lui a dit, lors d'un échange, qu'il était ravi que la compagnie recrute enfin des filles intelligentes. Une insulte pour ses collègues femmes…

Meriem a fini par quitter la compagnie suite à un épuisement professionnel : « Je n'en pouvais plus de ce programme de vols et des décalages horaires. Je travaillais la nuit, le jour, je ne dormais plus, je perdais la notion du temps, j'enchaînais les vols. Je m'étais transformée en machine. Parfois, les commandants de bord ou les chefs de cabine refusaient de nous accorder les temps de repos. J'enchaînais les services. L'odeur des insecticides et des plats commençait à me dégoûter. L'odeur du galley me répugnait. Les conversations au galley m'importunaient. J'avais l'impression que les passagers criaient. Les passagers acerbes ne manquaient pas. Parfois, je n'entendais plus rien. Mon dos me faisait mal, je n'avais plus d'appétit et j'avais une migraine permanente. Je ne comprenais pas cette perte de contrôle de mon corps. Après, j'ai compris que c'était des signaux d'alarme, que je somatisais en raison du stress psychologique. Je devais arrêter. »

D'autres femmes continuent à travailler pour des raisons diverses. Salma, par exemple, espérait rencontrer un mari : « Il y a des hôtesses qui se marient avec des passagers, des collègues ou une personne externe. Après ça dépend, soit elle continue à travailler, soit elle passe à autre chose. Une fois qu'elles tombent enceintes, elles dépendent plus que jamais de leur mari parce que le salaire devient minable et que, pour reprendre le travail, elles doivent perdre du poids. »

D'autres encore arrivent à trouver des avantages au métier. Certaines considèrent le travail de PNC comme un travail ordinaire, qui ne manque pas d'inconvénients, tout comme d'autres métiers.

Certaines ont pu développer des commerces en parallèle de leur activité et vendent des vêtements, des produits cosmétiques et des équipements électroniques provenant des différentes destinations.

Recourir à la polyactivité est dû au faible salaire de PNC, notamment pendant les basses saisons. En effet, leur salaire de base est le salaire minimum interprofessionnel garanti (Smig), complété par les heures de vol effectuées. Ainsi, c'est en travaillant sans cesse durant le mois que le PNC parvient à une rémunération qui n'est jamais fixe mais raisonnable, autour de dix milles dirhams. Encore faut-il qu'il y ait des vols, ne pas tomber malade ni enceinte, pour éviter une situation précaire, une instabilité financière et un avenir incertain, comme lors de la crise sanitaire du Covid-19.

La pandémie a en effet durement impacté le secteur aérien. Une partie du PNC a été licenciée. Les hôtesses de l'air mariées à des stewards ont été convoquées par la compagnie et la pression a été plutôt mise sur elles, pour qu'elles acceptent un licenciement économique et qu'ainsi leur mari puisse garder son travail et subvenir aux besoins de la famille[9]... En outre, les PNCs ayant partagé pendant le confinement des vidéos sur Facebook, YouTube, Twitter, TikTok dans leurs tenues professionnelles – notamment pour exprimer leur volonté de reprendre le travail –, des hôtesses de l'air ont été sanctionnées pour avoir pris des vidéos en uniforme... Des PNCs, femmes et hommes, ont été licenciés et les indemnités ont été insignifiantes comparées à celles versées au Personnel Navigant Technique (PNT), en raison de la force et la solidarité des membres de son syndicat.

9. Parmi les stéréotypes relatifs au travail des femmes : le salaire d'appoint. Au fil des siècles, la conception archaïque du travail persiste et est fondée sur l'idée que l'autonomie financière n'est pas indispensable aux femmes, car il y aura toujours des hommes, notamment un père ou un mari, pour subvenir à leurs besoins.

Toutefois, le quotidien du personnel navigant commercial n'est pas marqué que par ces turbulences, mais également par de beaux paysages. Grâce à ce travail, des femmes peuvent devenir indépendantes financièrement dans une société où le taux de chômage des femmes est élevé[10]. Elles découvrent les quatre coins du monde et partent à la rencontre de nouvelles cultures. En revanche, elles réalisent très vite, au prix de leur santé, de leur équilibre et de leur dignité, combien intégrer un métier aussi fantasmé les expose aux discriminations, aux inégalités et aux violences directement liées aux plus archaïques des stéréotypes concernant les femmes.

10. Le taux d'activité des femmes est de 19,9 % seulement contre 70,4 % pour les hommes. Le taux de chômage des femmes est deux fois supérieur à celui des hommes. Cf. Note d'information du Haut-Commissariat au Plan à l'occasion de la journée internationale des femmes du 8 mars 2021.

Les hôtesses dans l'histoire

Bien que le métier de PNC soit depuis des années considéré comme un travail « féminin », son premier représentant de l'histoire est un homme. Au début du siècle dernier, il y avait déjà des stewards qui travaillaient dans le domaine maritime. Ils étaient recrutés essentiellement en tant que serveurs et veillaient aussi au confort des voyageurs. Dans le domaine aérien, ils travaillaient dans les zeppelins pour servir les passagers et parfois même pour cuisiner.

Avant la Seconde Guerre mondiale, le transport aérien était peu accessible : il existait peu d'engins et ils étaient exclusivement employés dans des pays d'Amérique, d'Asie et d'Europe. En dehors des zeppelins, les avions n'avaient pas à l'époque la capacité de faire de longs courriers et ne pouvaient accueillir qu'une dizaine de passagers issus de l'élite.

L'équipage se réduisait à un pilote et une personne en cabine pour veiller sur les passagers. Lorsqu'un zeppelin prit feu accidentellement, un serveur évacua les passagers par la fenêtre, sauvant ainsi plusieurs vies, ce qui alerta les compagnies sur la nécessité d'une présence d'un homme dans les vols, pour intervenir en cas d'atterrissage forcé, d'amerrissage, de dépressurisation ou autres cas urgents. Mais ils n'étaient pas engagés en tant que serveurs.

Les hôtesses de l'air ont eu un parcours différent – comme toutes les femmes intégrant le monde professionnel dominé par les hommes. En 1930, l'Américaine Ellen Church a été la première femme à rejoindre une compagnie aérienne. Passionnée d'aviation, elle a obtenu un brevet de pilote, mais les femmes ne pouvaient occuper un tel poste à l'époque. Comme elle avait également un diplôme d'infirmière, elle a convaincu un responsable de la Boeing Air Transport de la recruter en tant qu'infirmière à l'essai pour prendre soin des passagers. Du fait que les vols à l'époque étaient épuisants et que les passagers étaient nerveux à l'idée de prendre l'avion, la présence d'une infirmière à bord s'est avérée une excellente idée. Ellen Church accueillait les passagers, leur offrait des cocktails, les guidait dans le cockpit et les mettait à l'aise. Ils étaient ravis d'une telle présence, ce qui incita la compagnie à embaucher d'autres infirmières.

En 1939, la Seconde Guerre mondiale éclata. Les infirmières qui travaillaient dans les compagnies notamment américaines devaient répondre à un devoir national : se diriger vers les fronts pour soigner les blessés de guerre. Elles quittèrent alors le monde aérien. Après la guerre, en Europe, les gouvernements s'impliquèrent dans le développement du transport aérien. Chaque pays avait sa compagnie nationale. Dans les avions, il y avait un pilote et un steward. Aux États-Unis, l'initiative privée était prépondérante, avec plus de 420 compagnies aériennes, dont les plus grandes étaient l'American Airlines, United Air Lines, Eastern Airlines et la Pan Am, qui deviendraient ensuite des compagnies internationales. Dans les avions américains, il y avait un pilote, un copilote et une infirmière, qui serait vite remplacée par une hôtesse de l'air. En effet, les infirmières avaient marqué le transport aérien américain. Les compagnies ne pouvaient plus se passer de cette présence féminine. Mais en raison du manque d'infirmières, elles recrutèrent des femmes prêtes à rejoindre le domaine.[11] Le métier des hôtesses de l'air fascinait le grand public au point que le travail des stewards devint invisible… Dans un article du *Figaro* de mars 1946, intitulé « Révolution dans le ciel. Les "Hôtesses de bord" remplaceront, le mois prochain les stewards sur les avions d'Air France », le journaliste assistait au recrutement des premières hôtesses, qu'il décrivait avec précision : « La fonction des hôtesses de bord ? Donner, comme sur les lignes américaines, toutes les attentions et les prévenances que seule une main féminine sait dispenser. L'"hôtesse" aura à accueillir le voyageur, à s'occuper de toutes ses questions de confort, à s'occuper pour lui des formalités administratives fastidieuses. On envisage même dans ses obligations d'être pour quelques heures la maîtresse de maison, qui aura à présenter les uns aux autres les compagnons du voyage, et même l'équipage. […] Aux États-Unis, l'"hôtesse", création d'avant-guerre, est définitivement inscrite dans le personnel volant. En France, on en était resté au steward homme. L'expérience féminine mérite d'être tentée. Elle ouvre, en tout cas, une nouvelle carrière à une élite de jeunes femmes. »[12] Au point que les

11. Nana, « Air Hostess find life adventurous », *in New York Times*, 12 avril 1936. Disponible sur http://query.nytimes.com/gst/abstract.html?res=9E04E0DE163AE33BBC4A52DFB266838D629EDE&legacy=true (consulté le 6 septembre 2022).

12. Roland, Philippe, « Révolution dans le ciel. Les "Hôtesses de bord" remplaceront, le mois prochain, les stewards sur les avions d'Air France », *in Le Figaro*, 3 mars 1946. Disponible sur http://www.lefigaro.fr/histoire/archives/2016/03/04/26010-20160304ARTFIG00250-les-premieres-hotesses-de-l-air-une-revolution-dans-le-ciel-de-1946.php (consulté le 6 septembre 2022).

femmes étaient plus nombreuses que les stewards des années 1950 aux années 1980.

Au début des années 1980, les nouvelles technologies furent intégrées aux avions. Dès lors, le genre du personnel importait peu, car c'était la qualité du service informatique à bord qui était désormais prééminente. Un article du *New York Times*[13] annonça pour la première fois que les hommes allaient reprendre leur travail à la Pan Am. Son auteur soulignait que si les hommes d'affaires étaient habitués à un sourire féminin pour adoucir les fatigantes journées d'affaires, dorénavant, c'étaient des hommes qui assureraient le service. Il rappellait que ce recrutement mixte était une exigence de la Cour suprême de Floride, jugeant discriminatoire de ne recruter que des femmes. C'est ainsi que dans les années 1980, le titre neutre de *personnel navigant* vit le jour, pour désigner à la fois les hôtesses de l'air et les stewards. Sans pour autant remédier aux discriminations, qui perdurent.

13. Lindsey, Robert, *art. cit.*

Textile : Tanger, les noyées du capitalisme du désastre

Salaheddine Lemaizi

> « *Le développement capitaliste a toujours été non durable à cause de son impact humain. Pour comprendre cet aspect, il nous suffit d'adopter le point de vue de ceux qui ont été et continuent d'être tués par lui.* »
>
> Mariarosa Dalla Costa[1]

Même face à la mort, les femmes subissent la discrimination ! Les victimes des trois pires drames qu'a connu le Maroc ces dernières années étaient presque toutes des femmes : Rosamor à Casablanca en 2008, Sidi Boulaâlam près d'Essaouira en 2017 et l'atelier de l'entreprise AM Fashion de Tanger en 2021. Ces trois hécatombes

1. Dalla Costa, Mariarosa, (1995) « Capitalism and Reproduction », *in* Bonefeld, Werner, Gunn, Richard, Holloway, John et Psychopedis, Kosmas, *Open Marxism III*, Londres, Pluto Press, 1995.

ont respectivement causé la mort de 56[2], 15[3] et 20 femmes à Tanger. Ces victimes ont en commun d'être des femmes des classes populaires et ouvrières. Elles sont aussi issues pour leur majorité du monde rural, poussées à l'exode dans les villes à la recherche d'un sous-emploi. Ce travail peut permettre de s'autonomiser[4] mais demeure une expérience marquée par la violence dans toutes ses formes.

Tout au long de leur vie, ces victimes ont subi moult discriminations. Sous-payées, non déclarées, surexploitées, les femmes ouvrières sont les premières victimes de la violence économique causée par le système capitaliste[5]. La discrimination devient une méthode pour soutirer le maximum de plus-value du travail féminin.

Au Maroc, dans les secteurs industriels historiques, la désindustrialisation pousse les travailleuses vers les secteurs les moins protégés et les plus précaires, notamment vers le secteur des services[6]. Le secteur textile offre encore des débouchés à une main-d'œuvre féminine urbaine abondante et sous-qualifiée, dont la majeure partie est sans-emploi. Un secteur où

---

2. Le Monde avec AFP et Reuters, « Maroc : le patron d'une usine en garde à vue après la mort de 55 personnes dans un incendie », *in Le Monde*, 26 avril 2008 (consulté le 1er septembre 2022).
3. Ahdani, Jassim, « À Sidi Boulaâlam, des témoins racontent le dimanche noir », *in TelQuel*, 20 novembre 2017, (consulté le 1er septembre 2022).
4. Bouasria, Leila (Coord.) *Migration féminine à Casablanca : entre autonomie et précarité*, Casablanca, La Croisée des chemins, 2020.
5. Collectif, Attac Maroc مؤلف جماعي، جمعية أطاك المغرب، 2020 نساء المغرب في زمن العولمة « Les Marocaines au temps de la mondialisation » (en arabe). Disponible sur : https://attacmaroc.org/كتاب-نساء-المغرب-في-زمن-العولمة-صيغة pdf/(consulté le 28 septembre 2022).
6. « *La contribution du secteur manufacturier dans la création de richesse au Maroc a diminué au fil des années et a été accompagnée, aussi, d'une baisse de sa part de l'emploi, atteignant les 10,4* % de l'emploi total en 2015, alors qu'il représentait environ 12,2 % en 1999. » Cf. Ait Ali, Abdelaziz et Msadfa, Yassine, *La transformation structurelle au Maroc et chaînes de valeurs mondiales : une vulgarisation du débat*, Policy Paper, OCP Policy Paper, 2019. Disponible sur https://www.policycenter.ma/sites/default/files/PP%20-%2019-03%20%28%20Ait%20Ali%20et%20Msadfa%20%29_0.pdf (consulté le 28 septembre 2022).

la protection sociale est décrite comme « en panne »[7] depuis de longues années.

Le taux de chômage féminin est de 16,8 % au Maroc contre 10,9 % pour les hommes[8]. En milieu urbain, ce chiffre grimpe à 25,6 % contre 14,4 % pour les hommes. Ces statistiques résument les ségrégations structurelles que subissent les femmes face au marché de l'emploi et qui les poussent vers les métiers les plus pénibles et les moins protégés. Un dernier chiffre illustre cette discrimination endémique : le taux d'emploi féminin, qui plafonne à 23 % depuis des années. Un taux qui signifie clairement l'échec des programmes d'autonomisation des femmes.

Les femmes sont d'autant plus exploitées que le syndicalisme, historiquement puissant dans le secteur textile[9], a subi plusieurs défaites. Autrefois présentes parmi les leaders et les délégués syndicaux, les femmes sont aujourd'hui victimes d'un rapport de force déséquilibré, plus que jamais favorable au capital sur le travail. Dans ce système, les discriminations basées sur le genre et la classe se nourrissent pour exploiter ce prolétariat féminin. Le drame récent de « l'usine de la mort » de Tanger illustre ce fonctionnement.

Le 8 février 2021 à Tanger, 28 ouvriers, dont 20 femmes, ont péri dans le sous-sol d'une usine textile[10]. Les victimes sont mortes

7. Mellakh, Kamal, « Les ouvrières du textile : une protection sociale en panne », *in Economia*, 11 avril 2015. Disponible sur http://economia.ma/fr/content/les-ouvri%C3%A8res-du-textile-une-protection-sociale-en-panne (consulté le 1er septembre 2022).

8. Haut commissariat au plan (HCP), « Situation du marché de l'emploi au Maroc en 2021 », Disponible sur https://www.hcp.ma/La-situation-du-marche-du-travail-en-2021_a2810.html (consulté le 1er octobre 2022).

9. Voir les documentaires réalisés par Souad Guennoun sur ces luttes féminines historiques dans ce secteur entre 2001 et 2012 à Salé, Rabat, Casablanca et Tanger : https://www.youtube.com/watch?v=SWP9YO3NI1s

10. Voir la liste complète des victimes en annexe.

noyées après que cette usine a été submergée par les fortes pluies. L'indignation est passagère, le drame vite oublié. Ce terrible incident condense une série de discriminations que peuvent subir des femmes et des hommes issus des classes populaires et ouvrières, et dont les familles sont victimes à leur tour. Elles sont le produit du « capitalisme du désastre » décrit par Naomi Klein dans son ouvrage *La Stratégie du choc*[11]. Un capitalisme libéré de toutes les contraintes et normes sociales, qui ne peut qu'engendrer des drames à répétition.

Fatima-Zahra El Khoumssi, 16 ans, est l'une des survivantes de l'usine de la mort de Tanger. Elle a vu mourir sa petite sœur Oumaima, âgée de 15 ans. Aujourd'hui, cette adolescente est brisée psychologiquement et socialement. « Je n'arrive pas à reprendre le travail pour aider ma famille », témoigne-t-elle. Elles sont plusieurs mineures parmi les victimes de ce drame.

Fathia Rmili est la mère d'une des victimes de l'usine. Sa fille Fatima Zahra, 16 ans, a péri dans l'usine de la mort. « Elle a quitté l'école pour travailler à l'usine. Elle voulait m'aider à acheter mes médicaments et payer les frais médicaux de ma maladie chronique. Je l'ai suppliée d'arrêter ce travail, mais elle tenait à m'aider », raconte cette mère désemparée. Fatima Zahra avait arrêté de travailler durant quatre mois en raison du confinement sanitaire.

Le drame est survenu la première semaine de reprise de l'activité à l'usine. La majorité des ouvriers n'étaient pas déclarés à la Caisse nationale de sécurité sociale (CNSS). Ils n'avaient pas bénéficié de l'indemnité gouvernementale versée durant la période du Covid-19. Ghizlane Bourkiba, 28 ans, fait partie aussi des victimes. « Ma sœur avait travaillé à l'usine durant trois ans. Elle avait à maintes reprises

11. Klein, Naomi, *La Stratégie du choc, montée d'un capitalisme du désastre*, Paris, Actes Sud, 2008.

demandé au patron de la déclarer à la CNSS, sans résultat », regrette amèrement son frère Mohamed. Joumaâ Bourkoune, une autre victime, a connu le même sort. « Ma sœur avait un salaire de 8 dirhams de l'heure et n'était pas déclarée à la CNSS », explique Saïdia, sa sœur, qui travaille également dans le secteur du textile à Tanger : « Quand on est dans le besoin, on accepte de travailler n'importe où et à n'importe quel prix. » De son côté, le patronat du secteur du textile se porte bien et se dit « résilient »[12] face au spectre de crises qu'ils ne cessent d'agiter pour mieux négocier concessions sociales et avantages fiscaux[13].

Une exploitation principalement féminine

Avec 1 628 entreprises employant 189 000 personnes, le textile est essentiel pour l'économie marocaine et le marché de l'emploi. Il représente 8 % du PIB et 27 % des emplois industriels. Ce secteur permet de générer un chiffre d'affaires de 50,48 milliards de dirhams (MMDH) et de 36,5 MMDH à l'export, ainsi qu'une valeur ajoutée de 15,88 MMDH, selon les données du ministère de l'Industrie[14].

La reprise après la pandémie s'est annoncée « prometteuse » pour le secteur. « Depuis le début de l'année 2021, le Maroc a enregistré la plus forte évolution des exportations vers l'Europe avec plus 23 % », se réjouit le département ministériel[15], qui gratifie le patronat d'un Plan d'accélération industrielle avec subventions et avantages

12. Brun, Thomas, « Entretien avec Fatima-Zohra Alaoui, DG de l'AMITH : “Les entreprises du secteur font preuve d'une grande résilience” », *in* revue *Conjoncture*, n°1039, 15 septembre-15 octobre 2021. Disponible sur https://www.cfcim.org/wp-content/uploads/2021/12/1039-septembre-2021-Textile.pdf (consulté le 28 septembre 2022).

13. « Industrie du textile : Une résilience à toute épreuve », site du ministère de l'Industrie, Royaume du Maroc, 30 juin 2021. Disponible sur : https://www.mcinet.gov.ma/fr/actualites/industrie-du-textile-une-resilience-toute-epreuve (consulté le 1er septembre 2022).

14. *Ibid.*

15. *Ibid.*

fiscaux. Le patronat lance aujourd'hui sa nouvelle stratégie intitulée : « Textile 2035 – Une vision, des convictions »[16].

Dans ce secteur, la main-d'œuvre est utilisée intensivement. 70 % des salariés du secteur textile formel sont des femmes[17]. Leurs conditions de travail sont historiquement marquées par l'exploitation et l'absence de déclaration à la CNSS[18]. Dans la région de Tanger-Tétouan-Al-Hoceïma, le textile emploie 55 000 personnes, dans les 417 unités. Il est à préciser que l'informel, sous ses différentes formes, représente 54 % du secteur du textile au Maroc[19].

Zineb Issayeh est membre de l'association Attawassoul à Tanger et activiste au sein de l'Association marocaine des droits de l'homme (AMDH). Cette militante a suivi de près le drame de Tanger : « Le chômage frappe les femmes sans diplômes. Cette situation les condamne à travailler dans des conditions indignes, avec les salaires les plus bas. Ce n'est pas du travail, c'est de la traite d'êtres humains. »

Un des indices de cette misère ouvrière est la présence de quatre fratries parmi les victimes de ce drame. La famille Belhkir a perdu quatre de ses filles. La famille Amdjar, deux de ses filles. La famille Mekkouki, un garçon et une fille. Et la famille Cherif, deux jeunes garçons. Une hécatombe familiale. Parmi les victimes aussi, un couple de jeunes mariés (le couple Benayad-Taoufik).

---

16. Communiqué de presse de l'Association marocaine des industries du textile et de l'habillement (AMITH), « Textile 2035 – Une vision, des convictions », le 30 novembre 2021, Casablanca.
17. « Zoom sur le secteur du textile et l'habillement au niveau de la Région Tanger-Tétouan-Al-Hoceïma », *in Le message économique, magazine de la Chambre de Commerce d'Industrie et de Services de la région Tanger-Tétouan-Al-Hoceïma*, n°10, avril-juin 2021, p. 10.
18. Bourquia, Rahma, *Genre et emploi dans l'industrie textile marocaine*, Genève, Publication de l'Institut de recherche des Nations Unies pour le Développement social (UNRISD), 1999.
19. Znagui, Bachir, « Synthèse de l'étude de la CGEM, *L'informel d'après le patronat marocain* », *in Economia*, 25 juin 2018. Disponible sur https://economia.ma/content/synth%C3%A8se-de-l%E2%80%99%C3%A9tude-de-la-cgem-l%E2%80%99informel-d%E2%80%99apr%C3%A8s-le-patronat-marocain (consulté le 3 octobre 2022).

Vols sur les dépouilles

Le 8 février à midi, le Maroc est sous le choc. À 15 heures, les communiqués pleuvent pour « dénoncer » ce tragique événement. À 20 heures, les autorités locales donnent l'ordre aux familles d'enterrer leurs morts le soir même. La majorité des familles n'a pas pu tenir tête aux autorités et ont dû enterrer leurs enfants à 2 heures du matin. « C'était dur de supporter de tels comportements », s'indigne Hicham Benayad, qui a perdu sa sœur Aïcha, 23 ans, et son beau-frère Ahmed, 26 ans, et un des rares à ne pas avoir obtempéré : « Les autorités m'ont informé que le corps était prêt pour l'enterrement. On a refusé cet ordre. Nous voulions voir une dernière fois les défunts. » Presque deux ans après cet épisode, Mohamed n'en revient pas du comportement méprisable des autorités : « Nous aussi, nous avons refusé d'enterrer notre sœur le soir. On a ramené la dépouille à la maison. Le lendemain, à 10 heures du matin, des membres des services de sécurité et le caïd se sont présentés devant la maison. On leur a demandé de nous laisser juste le temps de l'enterrer au moment de la prière d'Al-dohr (midi), mais ils ont refusé. »

Autre fait marquant survenu le même jour, et que les familles n'oublient pas : les victimes, au moment de leur déplacement de l'usine vers la morgue de Tanger, auraient été volées. « Le jour du drame, les ouvriers avaient reçu leurs salaires. Entre leur transport de l'hôpital à la morgue, elles ont été dépouillées de leurs biens. Des gens ont osé voler des morts ! », s'indigne Mohamed. Même cri de colère de Hicham : « À la morgue, nous avons protesté contre le vol des objets qu'ont subi les victimes. » Et Mohamed de poursuivre : « Ma sœur portait ses boucles d'oreille, un bracelet, une montre. On ne nous a rien remis. Même si ces objets étaient insignifiants, pour nous c'était d'une grande violence de voir ces femmes même mortes dépossédées de leurs biens. »

Rahma, jamais sans mes filles

Au lendemain du drame, le Maroc oublie rapidement « l'usine de la mort ». Les familles et les survivants sont abandonnés de toute part. Anéanties, ils souffrent psychologiquement de cette tragédie. Lors de nos entretiens entre février et septembre 2022[20], nous avons rencontré des familles brisées mais dignes dans l'adversité. La mère de Fatima-Zahra raconte le traumatisme vécu par sa fille : « Depuis le jour du drame, elle a une phobie de l'eau. Elle est traumatisée. Elle prend difficilement une douche. Ma fille n'a plus aucune activité sociale. Je me bats seule entre les hôpitaux de Tanger et d'Al Hoceïma pour lui trouver une prise en charge. »

« Toutes les familles souffrent psychologiquement. Des semaines après la mort de sa fille, une des mères de victimes sortait chaque soir dormir près de la tombe de sa fille », décrit Hicham. La mère de Mohamed ne dormait plus. Fathia Rmili vit le même cauchemar : « Chaque nuit, je voyais ma fille rentrer chez moi à la maison », confie cette mère. Grâce aux efforts de l'association Attawassoul, plusieurs mères arrivent à obtenir des consultations chez des psychiatres bénévoles. Les autorités locales sont aux abonnés absents. « Pire, ils nous ont traités de manière arrogante », affirme un des parents de victimes qui a requis l'anonymat.

Le drame ne s'arrête pas là. Le 12 novembre 2021, Rahma Stitou, qui a perdu ses filles Sanaâ et Fatima-Zahra à l'usine de Tanger, décède

20. Cet article s'est fait en collaboration avec Anass Laghnadi, de la rédaction de ENASS.ma, qui a recueilli le témoignage de Fatima Zahra El Khoumssi.

suite à la dégradation de son état de santé physique et psychologique. « Elle avait une santé très fragile. Sa famille avait contacté la wilaya pour la prendre en charge rapidement, mais un responsable de la wilaya a refusé, ce qui a été pris pour une provocation. Et l'irrémédiable s'est produit, Rahma a perdu la vie, faute d'accès aux soins. Elle pouvait être sauvée », insiste Zineb Issayeh d'Attawassoul. Aujourd'hui, le mari de Rahma est toujours sous le choc d'avoir perdu ses deux filles et son épouse. La défunte, âgée de 42 ans seulement, a laissé derrière elle cinq autres enfants, dont Nouhaila, 2 ans. Lors de notre rencontre en février 2022, cet homme n'a pas pu témoigner. Un silence qui dit l'ampleur de la violence que subissent ces familles.

Autre forme de violence subie par les familles des victimes, la violence socio-économique. « Les victimes apportaient des revenus aux familles, qui ont parfois perdu leur unique source de revenus », rappelle Zineb Issayeh. « Des familles sont devenues presque des SDF car elles n'avaient même pas de quoi payer leur loyer », déplore Hicham. Pourtant, la wilaya de la Région Tanger-Tétouan-Al-Hoceïma avait promis de prendre en charge les familles démunies des victimes. « Après ces promesses, il y a eu un silence des autorités durant des mois », observe Zineb. « Dès le début, l'État nous a méprisés. Avant le ramadan, la wilaya nous a envoyé un panier alimentaire. Certes, nous sommes dans le besoin, mais ce n'est pas ce panier qui va nourrir nos familles », dénonce un parent de victime qui a requis l'anonymat.

Les patrons du textile ont proposé une somme d'argent, par charité, aux familles des victimes. « Malgré leur immense besoin, les parents de victimes ont tous refusé cette proposition. Ils ont répondu qu'ils exigeaient la dignité qu'ils méritaient ainsi que les droits qui leur revenaient, et non pas la charité », martèle Zineb.

Pour l'ensemble des familles rencontrées, « c'est grâce à la solidarité entre nous et au soutien de quelques associations et bienfaiteurs que nous avons pu résister ». Mais elles n'étaient pas au bout de leur peine. C'est ensuite la violence politique qu'elles ont subie pour avoir décidé de se constituer en mouvement de revendication.

Intimidation et répression

« Dès le départ, les autorités ont voulu nous faire taire », estime Hicham. Pour y parvenir, les agents d'autorité ont utilisé des techniques d'intimidation. Ils ont fait le tour des familles des victimes avec un seul message : « Évitez de parler aux médias et aux ONG. » Mohamed, qui a reçu plusieurs visites du moqaddem de son quartier, raconte cet épisode : « Le wali en personne est venu nous promettre que Sidna veillait à l'ouverture d'une enquête. On était rassurés, au début. Après quarante jours, on n'a rien vu venir. On a commencé à chercher les autres victimes. »

L'association Attawassoul a pris contact avec les familles. « Il a fallu chercher dans les quartiers populaires de Ben Dibane et Beni Makada, où se concentrent plusieurs familles. Le mouvement était composé au départ de 17 familles », témoigne Zineb, la cheville ouvrière de ce mouvement avec son camarade Boubker El Khamlichi. Six mois après le drame, c'est toujours le même silence des autorités. « Nous avons envoyé des lettres au Chef du gouvernement, au ministre du Travail, à la CNSS, sans réponse de leur part », relève Mohamed. Les familles passent alors à l'action.

« On a décidé d'organiser un *sit-in* devant l'usine pour commémorer la mémoire des victimes et exiger la vérité », explique Hicham. Attawassoul et les familles mobilisent les ouvriers dans les différentes zones industrielles de la ville. « Notre action symbolique a été interdite. Les forces de l'ordre ont passé deux jours devant l'usine interdisant à toute personne de s'en approcher », se rappelle Mohamed, qui ne digère pas cette répression. Zineb, militante pourtant aguerrie, est choquée par l'ampleur de la répression de ce *sit-in.* « Les ouvrières et les mères étaient venues très tôt pour assister au sit-in, mais elles ont été chassées par la police. Les forces de l'ordre ont insulté les familles avec des mots vulgaires », assure-t-elle. Zineb rapporte également qu'un policier a rabroué une mère de victime, en lui disant : « Vas-t'en prier chez toi pour ta fille ». Et elle ajoute : « A-t-on besoin désormais d'une autorisation pour prier les morts ? » Mais les familles et leurs soutiens ne baissent pas les bras.

« Notre stratégie tablait sur la mobilisation locale et une pression médiatique, y compris internationale et en particulier espagnole », commente Zineb. Salvados TV est l'un des médias indépendants espagnols qui couvre ce dossier. Lors de son déplacement au Maroc, l'équipe de cette Web TV est arrêtée et refoulée du territoire marocain. « On a tenu un *sit-in* devant la préfecture de police de Tanger. Ces journalistes sont venus au Maroc uniquement pour nous apporter un soutien. Ils ont été libérés après notre *sit-in.* Ces épreuves ont forgé l'esprit solidaire des familles. On a tenu tête à cette répression », se réjouit Hicham. Grâce à leur lutte, les familles vont obtenir une victoire en demi-teinte : une compensation financière mais en dehors du système judiciaire, dont elles subissent la violence de plein fouet.

La charité, pas la justice

Les familles adressent plusieurs lettres à la multinationale de textile espagnol Inditex pour qu'elle rende des comptes sur sa responsabilité dans ce drame. « L'usine était un sous-traitant au Maroc d'Inditex[21]. L'entreprise nous a répondu qu'elle était prête à nous aider, mais qu'elle ne nous verserait aucune indemnité officielle », précise Mohamed. Dans la foulée, une association composée d'industriels espagnols et marocains du textile rencontre les familles. Mais l'issue continue d'être imprécise. Le 12 novembre 2021, quand Rahma meurt, les autorités sont en état d'alerte et les industriels accélèrent la mobilisation. « La wilaya a repris contact avec nous. C'est à partir de ce moment que le dossier s'est débloqué et que les familles ont réussi à obtenir des aides », explique Hicham. Une association nommée Al Ghait, constituée du patronat du textile à Tanger, récolte plusieurs millions de dirhams en un temps record de la part des industriels dont, indirectement, Inditex. Les familles des victimes ont obtenu des logements sociaux à Tanger et le reliquat de la collecte – 13 millions de dirhams – a été distribué aux 28 familles des victimes. « Il fallait une martyre supplémentaire et un drame de plus pour voir les autorités et le patronat mobilisés si vite », déplore Zineb.

Pour les familles, c'est une première victoire, mais insuffisante. « Les aides reçues étaient une bouffée d'oxygène car nous vivions ce drame au quotidien. Mais notre combat n'était pas fini. C'est celui

21. Contrairement à ce qu'ont affirmé les autorités sécuritaires locales à Tanger, l'usine n'était pas « clandestine » mais immatriculée au Registre de commerce et recevait l'Inspection du travail depuis 2017. Voir à ce propos le travail journalistique de qualité de nos confrères de *Media24* sur ce sujet : Khatla, Kenza, « Drame de Tanger : l'usine était régulièrement inspectée par le ministère du Travail », 15 février 2021. Disponible sur https://medias24.com/2021/02/15/drame-de-tanger-lusine-etait-regulierement-inspectee-par-le-ministere-du-travail/ (consulté le 1er septembre 2022).

de l'ensemble des ouvriers au Maroc et avec une revendication : "Assez de ces drames !" La dignité des ouvriers n'est pas à vendre », lance Hicham. C'est pour cette raison que la majorité des familles se sont constituées partie civile dans le procès de l'usine de la mort.

« Ce procès était douloureux », confie Fathia Rmili. L'enjeu principal, pour les familles et leur défense, était de prouver la responsabilité pénale du patron de l'usine dans la mort de 28 ouvriers, ainsi que la responsabilité de l'État. Mais ces deux niveaux de responsabilité n'ont pas été retenus par le système judiciaire, qui n'a reconnu que la responsabilité civile de la société en charge de la distribution d'eau et d'électricité, Amendis. « Le patron écope d'un an et demi de prison ferme et de 1 000 dirhams d'amende. C'est une honte ! C'est à peine un mois pour chaque vie perdue dans l'usine ! », s'emporte Mohamed. Pour sa part, Amendis devait s'acquitter des indemnisations au profit des familles, à hauteur de 200 000 dirhams par famille, soit un total de 4,8 millions de dirhams. « C'est insuffisant », estiment toutes les familles interrogées. Le verdict a été rendu en décembre 2021, mais le jugement n'a pas encore été exécuté[22].

Du côté des industriels du textile, les petits ateliers aux grands bénéfices ont repris leur activité deux semaines après le drame de Tanger. « L'État ne peut pas fermer ces usines, c'est une soupape de sécurité face à la crise socio-économique aiguë que vivent les classes populaires de Tanger et sa région. C'est la seule réponse que l'État offre face au chômage de masse des femmes », explique Zineb. Des ateliers où les ouvrières sont condamnées à l'exploitation ou à la mort. Cette situation intenable du prolétariat féminin au Maroc et

22. C'était encore le cas jusqu'à la date du 10 novembre 2022, au moment de l'édition de ce texte.

dans le monde est le résultat d'une nouvelle division internationale du travail (NDIT) promue par la mondialisation néolibérale.[23]

Aux racines du drame

Le drame de l'usine de Tanger rappelle la catastrophe des ateliers de Rana Plaza au Bangladesh en 2013, qui avaient causé la mort de 1 135 ouvriers et ouvrières. L'effondrement de cet immeuble qui abritait plusieurs ateliers de textile est la plus grande catastrophe industrielle et le symbole de la violence de la mondialisation envers les femmes[24]. Ce crime économique est le produit de la recherche du profit à tout prix, des complicités locales et de la NDIT promue par la *fast fashion* à Tanger ou Dacca au Bangladesh. Ces usines sont les symboles de l'appauvrissement et de l'exploitation subis par le prolétariat féminin à travers le monde, spécialement dans le Tiers-Monde. Les femmes sont une clé dans cette NDIT. « La paupérisation du Tiers-Monde a permis une réorganisation internationale de la reproduction qui transfère du "Nord" au "Sud" une part importante du travail requis pour la reproduction de la main-d'œuvre utilisée dans les métropoles. Cela signifie que les femmes du tiers-monde sont désormais "intégrées" dans l'économie mondiale comme productrices de forces de travail qui vont être utilisées et "consommées" dans les régions industrialisées du monde, en plus

23. Le nouvel ordre économique néolibéral modifie la division internationale du travail, ce qui entraîne un accroissement des migrations de travailleurs et de travailleuses. Actuellement, une personne sur dix dans les régions développées est migrante, et les femmes représentent la moitié de ce nombre. Cf. Verschuur, Christine et Reysoo, Fenneke (Dir.), *Genre, nouvelle division internationale du travail et migrations,* Genève, Graduate Institute Publications, 2005. Disponible sur doi :10.4000/books.iheid.5689 (consulté le 24 octobre 2022).

24. Rapport d'Oxfam, « Fashion Revolution Week : 9 ans après le Rana Plaza où en est-on ? », 19 avril 2022. Disponible sur https://www.oxfamfrance.org/agir-oxfam/8-ans-apres-rana-plaza-inegalites-pauvrete-et-violations-des-droits-humains-dans-lindustrie-mode/ (consulté le 10 septembre 2022).

de leur fonction de productrices de biens pour l'exportation », écrit l'universitaire Silvia Federici[25].

Dans les zones franches ou encore pire dans les ateliers, les ouvrières sont maintenues « en dessous du minimum vital »[26], comme le montrent les conditions de travail à l'usine de Tanger. Autant le patronat du secteur textile se targue de visions idylliques, autant les conditions de travail semblent aller en régressant[27]. Les femmes « sont forcées de travailler de longues heures dans des conditions de sécurité très précaires, elles sont persécutées quand elles tentent de s'organiser et sont sujettes à de constants abus, comme des fouilles corporelles quotidiennes pour vérifier qu'elles ne font rien sortir de l'usine »[28], poursuit Silvia Federici. Toujours à l'usine, « ces femmes sont souvent enfermées, pour s'assurer qu'elles vont remplir leurs "quotas", de sorte que, pendant des heures et des heures, elles ne peuvent pas prendre de pause – travail, qui parfois se prolonge dans la nuit »[29], dénonce la sociologue italienne. Cette situation d'exploitation est favorisée par un contexte néolibéral qui a réussi « à affaiblir ou à abolir les repères et les solidarités collectives » grâce à l'existence « d'une armée de réserve de main-d'œuvre docilisée par la précarisation et par la menace permanente du chômage »,

25. Federici, Silvia, « Reproduction et lutte féministe dans la nouvelle division internationale du travail », *in* Verschuur, Christine, & Reysoo, Fenneke (Dir.), *Genre, mondialisation et pauvreté, in Cahiers Genre et développement,* n°3, 2002. Disponible sur doi : 10.4000/books.iheid.5518 (consulté le 28 septembre 2022).

26. *Ibid.*

27. « Le secteur textile et du cuir connait un taux d'emploi en baisse. Un mouvement qui s'est accentué à partir 2009, avec un rythme moyen de -2,8 % par an. » Voir Ait Ali, Abdelaziz et Msadfa, Yassine, *art. cit.*

28. Federici, Silvia, « Reproduction et lutte féministe », *art. cit.*

29. *Ibid.*

comme l'écrivait Pierre Bourdieu[30]. Poussé à l'extrême, ce système d'exploitation donne des situations tragiques comme celle de Tanger.

Le jour du drame, le patron a préféré sortir sa voiture de l'usine pour éviter qu'elle ne prenne l'eau, tandis que les ouvriers ont continué à travailler au sous-sol. À ses yeux, ces prolétaires étaient invisibles. Pour l'État, ils n'étaient que des clandestins.

30. Bourdieu, Pierre, « L'essence du néo-libéralisme », *in Le Monde Diplomatique*, mars 1998. Disponible sur https://www.monde-diplomatique.fr/1998/03/BOURDIEU/3609 (consulté le 1er septembre 2022).

Les victimes de l'usine de textile de Tanger : des noms contre l'oubli

Hassania Belkheir
Chaimae Belkheir
Fatima Belkheir
Amal Belkheir
Aicha Ben-Ayyad, 24 ans
Ahmed Tawfik, 28 ans
Yousra El Znagui, 21 ans
Fatima-Zohra Amjar
Sanae Amjar
Oubaida Alach
Ghizlane Bourkiba, 28 ans
Oussama Hamioui, 25 ans
Rachida El Halouti, 25 ans
Soukaina Mekouki, 23 ans
Yasmine Makouki, 25 ans
Soukaina El Ghelich, 27 ans
Saloua El Khoulti, 22 ans
Yassine Chrif
Mohammed Chrif
Youssef El Mrabet
Abdelmalak Erradi
Mouad Eddarbaoui, 21 ans
Mahammed Essbiae
Joumaâ Bourkoune
Oumaima El Khoumssi, 15 ans
Fatima Eljaghdal, 20 ans
Mohammed Elafia, 23 ans
Fatima Zohra El Rmili, 16 ans
Rhama Stitou, épouse Amjar, décédée en novembre 2021, 42 ans.

Agriculture : le quotidien des damnées de la terre

Sara El Ouedrhiri et Kenza Sammoud

De Fès à Marrakech, de Marrakech à Agadir puis, à dix minutes d'Agadir, enfin, Inzegane. Ce petit village est considéré comme le hub commercial et routier de la région. La route est difficile et la température très élevée. Après 13 heures de voyage, le bus s'arrête en face du rond-point officiel d'Inzegane. « Bienvenue à Inzegane, vous pouvez maintenant découvrir le Maroc autrement », nous dit un journaliste rencontré dans le bus.

Ce petit rond-point est le lieu de rencontre de tous les visiteurs. Des touristes y cherchent des hôtels moins chers que ceux d'Agadir, des personnes y cherchent un refuge, d'autres fuient leur passé et cherchent un endroit où recommencer.

À l'entrée, des villageois vendent toutes sortes de produits. Plus loin, c'est le marché de gros de la région, ensuite des cafés pour les passagers, où les femmes n'ont pas droit de cité. Nous avons été les seules à enfreindre la règle, ce qui nous a valu une enquête du serveur. « D'où êtes-vous ? Vous avez de la famille ici ? Pourquoi êtes-vous là ? » L'étranger est vite remarqué. À quelques mètres, la grande gare des taxis qui desservent les cinq localités de cette région, Aït Melloul, Belfaa, Biougra, Azrou et Khmiss Aït Amira. Ces taxis ne relient pas seulement des lieux, ils tissent aussi un lien entre des histoires, des souffrances et des fermes, car dans cette région, tout tourne autour de l'agriculture. Ils font le lien entre l'enfer que vivent les ouvrières agricoles, entre une main d'œuvre invisible et stigmatisée, entre des femmes qui vivent à la marge des droits, de la dignité, tout simplement des femmes exilées de la société.

Les femmes de cette région ont un nom très spécial : *lmou9na3at*, les femmes masquées, à cause de leur apparence. Leur visage est enroulé dans un épais foulard, laissant à peine apparaître leurs yeux. Elles expliquent que leur tenue vestimentaire est destinée à les protéger du soleil, de la poussière et des pesticides. Cependant, beaucoup ont également admis que leurs écharpes servent à cacher leur visage, ce qui leur permet de rester invisibles et anonymes.

C'est en effet pour ces femmes une nécessité : parmi elles, il y a des étudiantes qui cherchent de quoi payer les frais de leur scolarité, des mères, certaines célibataires et d'autres mariées, dont le point commun est qu'elles sont les pourvoyeuses de leurs familles, mais des pourvoyeuses non reconnues par leur communauté. L'image traditionnelle des responsabilités de l'homme et de la femme est le levier majeur de la discrimination et des actes violents contre ces femmes, reproduit par les préjugés et les rumeurs qui circulent sur la main d'œuvre féminine travaillant contre rémunération dans le secteur agricole.

4 heures du matin. La journée est déjà commencée pour les ouvrières. La route est longue et dangereuse entre leurs maisons et le *mouqef*. « Nous sommes obligées de sortir à l'aube, en même temps que la prière du *fajr*, pour être protégées par les hommes qui se dirigent vers la mosquée », explique Nawal, pas plus de 30 ans mais déjà 16 ans de souffrance dans le monde du travail.

Dans le passé, la plupart des femmes se dirigeaient vers le *mouqef* pour trouver un emploi à la journée. Aujourd'hui, avec les nouvelles technologies et la familiarisation de cette population avec WhatsApp, sont apparus des groupes de femmes travaillant de nuit, créés par l'agent recruteur, qui est souvent le chauffeur du véhicule. Chaque chauffeur travaille avec un groupe de femmes, et collabore avec les *cabranes* des fermes, chargés d'amener les femmes aux champs.

À 5 heures du matin, les ouvrières sont transportées dans des camionnettes et des pick-up vers les exploitations agricoles. 20 à 30 femmes dans un seul véhicule, avec parfois des hommes. « Il nous parque dans les camionnettes comme du bétail, sans aucune pitié », soupire Fatima, une mère de cinq enfants, diabétique et sans aucune couverture médicale.

Après le remplissage, le chauffeur se dirige vers les fermes. La route est dangereuse : des pistes encombrées de pick-up, qui augmentent la possibilité d'accidents. Durant le trajet entre le *mouqef* et les champs, on déplore régulièrement des accidents graves et parfois mortels. « Ma voisine a été victime d'un accident de la route qui a fait neuf morts et des blessés à cause de la conduite irresponsable de l'amie du chauffeur, une ouvrière qui avait un permis récent. Les pauvres ont perdu la vie, mais elle est libre car le patron a donné de l'argent », confie Nawal.

Khmiss Aït Amira, « *douar el haribat* »

Toutes les personnes que nous avons rencontrées dans cette aventure nous ont dit la même chose : « Évitez d'aller seules au Khmiss, c'est le Texas du Maroc ». Une fois encore, nous avons été obligées de nous faire accompagner par quelqu'un pour continuer nos recherches. Nous avons pris un grand taxi à Khmiss et avons demandé au chauffeur de nous accompagner.

À l'entrée de Khmiss Aït Amira, il n'y a que des villas bien décorées. Plus loin, des centaines de familles s'agglutinent dans des maisons dépourvues d'équipements sanitaires et dont la seule raison de vivre est le *mouqef*. On commence à remarquer la vraie souffrance, les facettes de la pauvreté, de la marginalisation. Une représentation parfaite de la hiérarchie vécue dans les champs agricoles. De loin, on voit les champs bâchés. « Les patrons cachent les champs car ils déclarent 100 femmes mais en réalité, ce sont 200 à 300 femmes qui y travaillent », déclare Aïcha, une jeune étudiante qui travaille pour collecter les frais de transport à l'université pendant les périodes d'examen.

La population de Khmiss Aït Amira n'est composée que d'étrangères à la région : des femmes de Tanger, de Nador, de Dakhla, de tout le Maroc. On peut dire que c'est un petit Maroc. Il y a aussi des migrantes subsahariennes qui cherchent une stabilité sociale, une main d'œuvre en majorité féminine, analphabète, issue de contextes économiques très modestes voire pauvres, et qui fait l'objet de tous les abus. « Les femmes viennent ici pour recommencer leur vie. La plupart sont tombées enceintes hors mariage et ont préféré venir travailler dans ces conditions plutôt que de mendier dans la rue », explique Fatima : « Après l'accouchement, soit ces mères donnent leur enfant à une autre famille, soit elles le gardent et commencent à chercher un emploi pour subvenir à ses besoins. » « Khmiss Aït Amira est le refuge de toute fille qui ne peut pas retourner chez son père. C'est pour cela qu'on le surnomme *Douar el haribat* », raconte Mbarek, directeur d'une association locale qui sensibilise les femmes à la nécessité de porter plainte dans les cas de violence.

Esclavagisme moderne

D'après le Haut-Commissariat au Plan (HCP), la région Souss Massa « recèle d'importantes potentialités économiques basées sur ses ressources naturelles et ses possibilités dans le domaine de l'agriculture, de la pêche, du tourisme et des mines. Dans le domaine agricole, la région dispose, malgré son climat sec, d'une superficie agricole utile de 616 500 hectares dont 30 % sont irrigués. Ces terres se situent essentiellement dans la plaine du Souss-Massa, où les primeurs et les agrumes constituent les principales productions. »[1] Elle assure 75 % de la production nationale des primeurs et 95 % de la production à l'export.

Selon le rapport du HCP « Femme et marché du travail » dans cette région[2], plus de 4 femmes sur 10 travaillent dans le secteur agricole au Maroc. En effet, l'agriculture est la plus grande pourvoyeuse d'emploi pour les femmes, avec 46,9 % d'opportunités de travail.

Si tout tourne dans cette région autour de l'agriculture, il y a une autre raison au fait que ce sont surtout les femmes qui travaillent

1. HCP, *Présentation de la région de Souss Massa*. Disponible sur https://www.hcp.ma/region-agadir/Presentation-de-la-region-de-Souss-Massa_a16.html (consulté le 14 octobre 2022).
2. HCP, *Région Souss Massa, Femme et marché du travail, réalités et perspectives*, janvier 2022. Disponible sur https://www.hcp.ma/region-agadir/docs/Femmes%20du%20Souss%20Massa%20et%20marche%20du%20travail%20_%20caracteristiques%20et%20evolution%2C%202020VF.pdf (consulté le 14 octobre 2022).

dans les exploitations. « Les hommes refusent de faire le travail de trois jours en une seule journée, mais les femmes peuvent souffrir pour ramener l'argent pour élever leurs enfants », affirme Fatima.

Seule une minorité d'entre elles bénéficie d'un contrat de travail et d'une sécurité sociale. En effet la majorité travaille sans rien et subit des injustices extrêmes : plus de 14 heures de travail sans arrêt, avec 30 minutes de pause déjeuner, un rythme continu dans des fermes sans toilettes, sans vestiaires et parfois sans eau potable, sans parler des vêtements de travail. Les ouvrières agricoles perçoivent des salaires variant entre 70 et 100 dirhams par jour selon l'offre liée aux saisons agricoles, qui augmente pendant les récoltes et diminue le reste du temps, voire disparaît quand les ouvrières se retrouvent au chômage en basse saison.

Nawal a commencé à travailler dans l'agriculture à l'âge de 15 ans. « Quand j'ai commencé, j'étais mineure sans papiers. Je n'étais pas la seule parce qu'une fois qu'une fille quitte l'école, soit elle se marie, soit elle va travailler dans l'agriculture. » Malgré l'absence d'alternative pour ces femmes, leur travail reste mal vu, *'ayb*, pour leur milieu social. Des centaines de filles de 15, 16 ans travaillent sans papiers et n'ont aucun droit au regard de la loi. « Le jour d'inspection, poursuit Nawal, les filles qui n'ont pas encore 18 ans ne vont pas à la ferme. »

Le besoin fait d'elles une force de travail soumise et corvéable. « Dans mon premier emploi, nous n'étions que des femmes, parce que le patron refusait que des femmes et des hommes travaillent ensemble, mais ensuite j'ai travaillé dans des fermes où on était entassés en grand nombre dans des camionnettes, avec des hommes, et on était mal traitées et harcelées chaque jour », explique Halima.

« À l'âge de 30 ans, j'ai abandonné le travail agricole à cause de mon asthme, parce que pendant le travail on asperge les plantes avec des pesticides », témoigne Nawal. De nombreuses ouvrières s'inquiètent des effets des pesticides et des produits chimiques contre lesquels elles n'ont aucun moyen de protection, ni gants, ni masques, ni serviettes. Les *cabranes* refusent qu'elles travaillent avec des gants car ils prétendent que cela abîme les tomates et les fruits. En revanche, les ouvrières agricoles risquent à 89 % d'être affectées par des maladies cardio-neurovasculaires chroniques ou aiguës, selon le rapport du Bureau international du travail à Genève.[3] Ce risque augmente quand le contact avec ces produits est permanent. Même en cas de maladie ou de fatigue, elles n'ont pas le droit de protester. « On n'a pas le droit de dire qu'on est malade. Si tu parles, tu perds l'argent de la journée et ils te mettent dehors sans pitié », confie Aïcha. Malgré les dégâts sur la santé des femmes et le grand nombre de femmes frappées par des maladies graves, les patrons préfèrent ignorer le problème et les laisser payer de leur santé le prix de leur pauvreté.

La précarité des ouvrières est accentuée par l'exploitation sexuelle et la violence. Elles sont obligées de supporter les avances des *cabranes*, des patrons, afin de ne pas perdre leur travail, avec du chantage et parfois aussi de la violence. « On nous prend pour des robots, soit tu acceptes les demandes du *cabrane* ou du patron, soit tu prends la porte », confirme Fatima. De nombreuses ouvrières n'ont pas le courage de porter plainte par peur de la société patriarcale et de perdre leur seul moyen de vivre. Mais pas seulement : « Quand une femme porte plainte, le patron donne des pots de vin et achète sa liberté ou celle du *cabrane* », ajoute-t-elle.

3. Bureau international du travail, *La sécurité et la santé dans l'agriculture,* 2011. Disponible sur https://www.ilo.org/wcmsp5/groups/public/---ed_protect/---protrav/---safework/documents/normativeinstrument/wcms_161136.pdf (consulté le 14 octobre 2022).

Une ancienne ouvrière de Khmiss Aït Amira a vécu la même chose : « J'ai commencé à travailler à l'âge de 14 ans. J'ai été victime d'un viol et suis tombée enceinte », raconte Khadija, installée depuis plus de 25 ans au douar Laârab, dans la commune voisine de Khmiss Aït Amira. « Le nombre de femmes victimes d'exploitation sexuelle et de harcèlement au sein des fermes atteint 88,3 %, contre 83,1% au niveau national », indique une enquête réalisée par le HCP en 2019[4], c'est-à-dire que 9 femmes sur 10 ont subi une violence sexuelle dans le travail agricole. Ce nombre reflète le véritable calvaire de cette main d'œuvre. Face à ce taux catastrophique, la tolérance à la violence est phénoménale. « Pas grave, tu n'es pas la seule, toutes les femmes vivent la même chose, c'est la réponse des familles quand une femme porte plainte pour harcèlement », déclare Khadija.

Ces femmes se retrouvent confrontées à une autre réalité : la prostitution. « Je ne blâme pas les femmes qui se prostituent, la vie est difficile, ce n'est pas facile de gagner son pain », commente Aziza, ancienne ouvrière devenue travailleuse du sexe. Comme tant d'autres, Aziza a été violée par un patron espagnol : « Ce ne sont pas des investisseurs ou des gérants, ce sont des colonisateurs. » Le travail d'une femme dans l'exploitation agricole, c'est une colonisation de son corps, de sa liberté, de ses droits. « Le *cabrane* sélectionne une poignée de belles filles dans la foule pour rester avec lui et leur journée est payée », poursuit Aziza. Des milliers des femmes, pas seulement des ouvrières, mais aussi des techniciennes diplômées d'instituts supérieurs se retrouvent chaque jour à la rue sans travail, après des années de souffrance, de harcèlement, de viol et de répression, ne trouvant d'autre option que vendre leur corps pour vivre. « Mon corps finira dévoré par les vers, je préfère m'en servir d'abord pour me nourrir », conclut péniblement Aziza.

---

4. HCP, *Enquête nationale sur la violence à l'encontre des femmes et des hommes au Maroc*, 2019, réalisée sur un échantillon de 912 femmes et 228 hommes au niveau de la région Souss Massa. Disponible sur https://www.hcp.ma/Enquete-Nationale-sur-la-violence-a-l-encontre-des-Femmes-et-des-Hommes_a105.html (consulté le 14 octobre 2022).

Les ouvrières agricoles, victimes du manque d'inspection et de contrôle

Les femmes sont massivement présentes dans l'agriculture, représentant près de la moitié de l'emploi féminin au niveau national. Plus d'un tiers (37,7 %) sont ouvrières agricoles. Malgré cette présence, le travail des ouvrières est loin d'être valorisé. Pire, elles travaillent souvent avec un salaire très bas, dans des conditions précaires, marquées par tous types d'exploitation. Les femmes sont victimes du non-respect des textes de loi existants et du manque de suivi et de contrôle, au vu et au su des pouvoirs publics. Dans ce secteur qui demeure largement informel, le rapport entre ouvrières et patrons échappe aux dispositions du Code du travail, dont ces derniers profitent des failles.

L'article 15 du Code du travail rend obligatoire la conclusion d'un contrat par consentement mutuel des deux parties, ouvrière et patron. Dans la réalité, la plupart des ouvrières travaillent sans contrat, sans sécurité sociale et de manière saisonnière. Aucun contrôle des fermes et des champs agricoles n'est réalisé par l'inspection du travail.

Les horaires dépassent la limite fixée à l'article 184, qui est dans ce secteur de 2 496 heures par an, divisées en périodes journalières. Toutefois, alors que dans les autres activités, cette période journalière est de10 heures maximum, aucune limite n'a été déterminée pour l'agriculture. Cette lacune est exploitée par la majorité des employeurs, de mauvaise foi, pour mettre une grande pression sur ces femmes, en les obligeant à travailler jusqu'à 16 heures par jour dans des conditions indignes et à des salaires inférieurs au salaire minimum légal – et inférieurs, en général, aux salaires accordés aux hommes – alors que l'article 9 interdit les discriminations entre les travailleurs fondées sur le sexe.

Quant à l'article 281 relatif aux conditions d'hygiène et de sécurité, il n'est tout simplement pas appliqué. Victimes d'un système patriarcal, les travailleuses sont souvent insultées, transportées comme du bétail et traitées comme des esclaves. Outre la violation de leurs droits, les ouvrières sont atteintes dans leur dignité. Nombre d'entre elles sont soumises à tous types d'exploitation sexuelle, harcèlement, viol... La peur de perdre leur seul moyen de subsistance crée l'omerta. Pourtant, l'article 40 du Code de travail considèrerait comme un licenciement abusif un licenciement pour ce motif, mais pour cela il faut un contrat, ce qui n'est pas le cas de la majorité, sans parler du coût et de la lourdeur des démarches à faire, qui rend l'accès à la justice hors de portée de ces femmes.

Préscolaire : Éducatrices, faute de mieux...

Hicham Houdaïfa et Leïla Saheb Ettabaa

Il y a de ces métiers qui se conjuguent exclusivement au féminin. C'est le cas des éducatrices dans le préscolaire, que ce soit dans le public ou dans le privé. Un secteur qui souffre d'une grande précarité et dont les conséquences sur ces femmes qui dédient leur temps à initier les enfants de ce pays à l'univers scolaire, sont catastrophiques.

Pourtant, à en croire les chiffres officiels, les choses évoluent très bien. Le ministère de tutelle a publié, à l'été 2022, les dernières données disponibles, qui sont celles de septembre 2021 : le taux d'inscription dans le préscolaire, toutes catégories confondues (public, privé, traditionnel et non structuré) est de 72,5 % au niveau national, soit 910 428 enfants préscolarisés. Le préscolaire public, en constante progression ces dernières années, représente, selon ces mêmes chiffres, 43 % du total des effectifs. Sous la responsabilité du ministère de l'Éducation nationale, il est géré en partie par les associations et par la Fondation marocaine pour la promotion de l'enseignement préscolaire (FMPS) qui assure 60 % de l'offre préscolaire publique. Autant dire la part du lion. Sur son site, on apprend que la FMPS, une association a but non lucratif, « a été créée le 10 mars 2008 à l'initiative du Conseil supérieur de l'Enseignement et en collaboration avec le ministère de l'Éducation nationale, le ministère de l'Intérieur et la Fondation Mohammed VI de promotion des œuvres sociales de l'Éducation-Formation »[1]. Autres chiffres significatifs, mais qui sonnent plutôt comme un rappel à la réalité : 37 % des enfants inscrits dans le préscolaire sont dans le secteur traditionnel et non structuré (traditionnel, en grande partie des msids), alors que près de trois enfants sur dix ne sont pas du tout préscolarisés.

« Des milliers de personnes formées »

Un entretien plus récent du patron de la FMPS, Aziz Kaichouh, avec *Médias24* apporte de précieux renseignements sur les efforts entrepris par l'Exécutif pour toucher plus d'enfants, mais aussi pour donner plus de qualité et d'homogénéité à l'offre préscolaire.[2] Si le cap d'une généralisation du préscolaire est maintenu à 2028, on apprend que pour la rentrée scolaire 2022-2023, « environ 5 000 nouvelles classes ont été ajoutées », entre celles du ministère et celles de l'INDH, qui intervient également dans le secteur pour « mettre en place des classes dans des endroits où il n'y a pas d'écoles primaires ». On apprend aussi que le nombre moyen d'élèves par classe dans le préscolaire public « se situe entre 18 et 20 élèves ». Mais, ce qui est capital dans cette déclaration, c'est qu'elle renseigne

1. https://www.fmps.ma (consulté le 17 octobre 2022).

2. Khatla, Kenza, « Le taux de scolarisation en préscolaire devrait atteindre 76 % en 2022-2023 (Aziz Kaichouh) », *in Medias24,* 8 septembre 2022. Disponible sur https://medias24.com/2022/09/08/le-taux-de-scolarisation-au-prescolaire-devrait-atteindre-76-en-2022-23-aziz-kaichouh/ (consulté le 15 octobre 2022).

sur cette population d'éducateurs, ou plutôt d'éducatrices, du fait de la prédominance écrasante des femmes dans ce secteur. Aziz Kaichouh parle de la formation initiale, qui passerait de « 200 à 950 heures ». La FMPS qui a été mandatée cette année par le ministère de l'Éducation nationale formera cette année pas moins de 8 000 éducatrices. Niveau encadrement, poursuit Aziz Kaichouh, « pour chaque 30 éducateurs, un superviseur encadrant pédagogique aura pour mission de les suivre et les encadrer tout au long de l'année ». Avec à la clé, selon le directeur de la FMPS, la mise en place par la fondation d'un système d'évaluation des compétences des éducateurs. Enfin, la FMPS, qui de l'aveu même de son directeur veut « se maintenir en tant qu'acteur majeur du préscolaire au Maroc » – comprenez public bien sûr – procède à des recrutements de masse. « Ce sont des milliers de personnes qui sont formées », affirme Aziz Kaichouh, qui ajoute : « Avant, les acteurs du préscolaire et les associations recrutaient en fonction de paramètres très faibles. Aujourd'hui, nous sommes en train de mettre en place un métier d'éducateur du préscolaire. » Mais, dans ce même entretien, le directeur de la FMPS, qui a pour ambition « d'investir encore plus dans la qualité de l'éducation et des ressources humaines », n'évoque jamais le statut de ces éducatrices, leur rémunération, leurs droits sociaux, bref, ce qui permettrait à cette « ressource humaine » de travailler dans des conditions décentes.

Au cœur du processus de préscolarisation, il y a bien sûr les éducatrices. Une population qui a fait l'actualité, en organisant manifestations et sit-in de manière périodique, mais surtout depuis 2019, afin de faire prévaloir ses droits. Dans le préscolaire traditionnel et non structuré comme dans le privé bas de gamme, la situation du personnel éducatif est à l'image de l'informel en général : le non-respect du salaire minimum et des droits sociaux y est quasi généralisé. Dans le préscolaire public, la situation des éducatrices n'est pas franchement meilleure.

Lors de ces dizaines de manifestations conduites par des éducatrices qui officient dans le secteur public aux quatre coins du pays, ces dernières évoquent les discriminations qu'elles endurent et adressent des doléances au ministère de tutelle. Il y est question de précarité, du non-respect du salaire minimum par les associations dont elles dépendent, mais également du manque de considération de leur part, de harcèlement en tout genre… Leur demande est claire : un respect de leurs droits sociaux, mais aussi une meilleure gestion du préscolaire qui devrait, selon elles, dépendre des académies provinciales de l'Éducation nationale et non pas d'associations. « Nous sommes déconsidérées par tout le monde, les parents d'élèves, les enseignant.e.s du primaire, les présidents d'associations, alors que notre travail est primordial pour l'avenir des enfants. Nous sommes toujours menacées de renvoi et soumises à du harcèlement psychologique. Comment peut-on dans ces conditions-là donner le meilleur de nous-mêmes à ces jeunes pousses ? », lance une des éducatrices, lors d'une manifestation à Béni Mellal. Et c'est à Béni Mellal et dans ses environs (Afourar et Ouaouizaght) que nous nous sommes rendus afin de prendre la pleine mesure de la situation des éducatrices, du travail des associations locales et de la qualité de l'éducation prodiguée aux enfants de la région. De source syndicale, la région compterait pas moins de 5 000 éducatrices, dont 216 pour la ville de Béni Mellal.

L'éducatrice fait partie d'un package !

À Béni Mellal, l'offre préscolaire est la même qu'ailleurs au Maroc, avec un public qui gagne en nombre et un privé non homogène.

« L'éducatrice est lésée dans ses droits fondamentaux, dans le public comme dans le privé. Elle subit bon nombre d'injustices et vit dans une précarité totale. Elle touche en grande majorité un salaire dérisoire, parfois moins de 1 000 dirhams par mois », lance Najwa, éducatrice de longue date à Béni Mellal et activiste syndicale. Najwa nous explique que si le métier d'éducateur est féminisé dans son écrasante majorité, c'est que d'une part, on part du principe qu'une femme est par nature patiente et que son « caractère maternel inné » répond au besoin de sécurité affective des enfants. Et que, d'autre part, ce métier ne peut être assuré que par des femmes du fait qu'elles se taisent sur les discriminations qu'elles peuvent subir. « L'éducatrice dans le préscolaire public fait partie du *package* négocié entre les associations et le ministère de tutelle. C'est le maillon faible de cette transaction. Elle n'est que rarement payé le Smig comme convenu entre les deux parties. De plus, elle est livrée à elle-même, en absence d'une inspection de travail réelle », nous explique Rachid, un syndicaliste de la ville bien au fait de ce dossier. Et d'ajouter : « La responsabilité incombe au ministère qui met le destin des éducatrices entre les mains d'associations, alors que ce sont les académies régionales qui devraient s'en charger. Nous n'aurons jamais un préscolaire de qualité si de bonnes conditions sociales, matérielles et psychologiques ne sont pas assurées aux éducatrices. » Rachid poursuit sur les dysfonctionnements de ce dispositif : « Une éducatrice a été licenciée pour être remplacée par un membre de la famille ou une connaissance du président de l'association. Or la réclamation de l'éducatrice n'est pas prise en considération à l'académie, qui dit ne reconnaître que l'association et non pas l'individu qu'est l'éducatrice ! » D'autres pratiques ont été également évoquées par les militants associatifs : « L'État paie directement les associations, qui doivent assurer le paiement des éducatrices. Mais ensuite, ces dernières ne touchent même pas la moitié de leurs salaires. Le responsable de l'association leur donne un chèque avec le Smig et leur demande d'aller retirer l'argent, de ne garder que la moitié de la somme et de rapporter le reste. Mais aux yeux des autorités, tout est correct. » Sur le terrain, les éducatrices évoquent mille et une autres discriminations auxquelles elles doivent faire face, à commencer par des salaires impayés de plusieurs mois, le mépris des enseignants et des directeurs d'établissement, les conditions de travail difficiles, des horaires extensibles, des congés non payés…

L'association Krazza pour le développement rural (Akder) se positionne comme une des structures les plus sérieuses dans le registre du préscolaire. Elle porte le nom du village qui l'a vu naître (Krazza), limitrophe de Béni Mellal. Aujourd'hui, elle a une portée régionale puisqu'en plus de travailler à Béni Mellal, elle est aussi présente à Fkih Bensalah. Elle assure des classes de préscolaire, organise également des sessions de formation pour les éducatrices ainsi que des formations des formateurs de l'enseignement préscolaire pour renforcer les capacités des éducatrices. « Nous avons accumulé une expérience importante dans le préscolaire, un domaine dans lequel nous travaillons depuis 1998 avec des classes privées, en collaboration avec le secteur public ou en prenant en charge des entités relevant du registre traditionnel. Nous assurons une formation aux éducatrices à raison de quatre fois par an, ainsi que le suivi dans les classes », assure Leila Saidi, coordinatrice générale du préscolaire au sein d'Akder. L'association travaille en partenariat avec l'académie et assure la gestion de 29 classes du préscolaire public, 17 à Béni Mellal et sa région et 12 à Fkih Bensalah, pour 500 enfants bénéficiaires, que ce soit dans les zones urbaines ou rurales. Les responsables assurent respecter l'accord avec l'académie : des éducatrices payées au Smig, déclarées à la CNSS et bénéficiant d'une assurance, tout en précisant que « l'association n'ayant pas de fonds de roulement, les éducatrices ne sont payées que quand elle reçoit la subvention ». Les cadres de Krazza sont unanimes pour décrire la précarité des éducatrices et le défi de proposer une prestation de qualité aux enfants, dans les villes comme dans les campagnes. Mais un travail de fond est fait pour donner aux éducatrices les outils nécessaires pour un rendu de qualité. « Il a déjà fallu faire face à une question d'estime de soi. On les entendait dire, *ana ghir mourabbiya*, je ne suis qu'une nounou. Pour la majorité d'entre elles, ce n'était pas un choix de carrière, mais une nécessité pour *terf dial khobz*, gagner leur pain. Des femmes mariées, divorcées ou célibataires, mais provenant toutes de couches précaires. Il a d'abord fallu faire preuve de patience et d'écoute, et travailler la posture, la confiance en soi », explique Saïda Melkaoui, assistante pédagogique chez Akder. Elle a assuré un coaching accompagné d'une formation en approche pédagogique Montessori, même si les éducatrices sont obligées de travailler avec des produits recyclés, faute de moyens. « C'est un apport important. Tout le monde y trouve son compte, les éducatrices, les enfants et les parents. Mais ce renforcement de capacités ne peut réussir que si les éducatrices sont sécurisées matériellement », ajoute Saïda Melkaoui, qui poursuit : « Les éducatrices vivent dans l'angoisse de ne pas être payées, de ne pas être gardées. Elles subissent de plein fouet la fragilité de leur statut et dépendent de la bienveillance des autres parties prenantes : les associations, l'État, la FMPS. »

Des décisions de Rabat...

D'ailleurs, la FMPS, dans un souci affiché d'améliorer la qualité, demande aux éducatrices d'avoir au minimum le baccalauréat. Ce qui pose un problème pour un nombre important d'entre elles, qui n'ont pas ce diplôme mais justifient d'une grande expérience. « Nous avons lancé à l'été 2021 l'opération *Ta7adi Baccalauréat* (Défi bac) pour les éducatrices, afin de leur faire passer le bac. Un nombre important de professeurs d'anglais, de français et de sciences s'est mobilisé pour accompagner plus de 200 éducatrices dans ce défi où l'on retrouvait aussi des filles venant du privé », conclut fièrement Saïda Melkaoui.

À une trentaine de kilomètres de Béni Mellal se dresse la petite ville d'Afourar. L'association Al Intilaka (Aideca), menée par les jeunes de la région, a assuré un travail de formation au profit de 60 éducatrices. « Il était notamment question des droits et responsabilités des éducatrices, de l'estime de soi, de *soft skills* ou encore de techniques de communication. Les éducatrices provenaient d'Afourar, Béni Ayat et des autres régions de la province », précise Samir Saadaoui, coordinateur de ce programme. L'association a choisi de travailler sur des programmes de renforcement de capacités de cette population fragilisée plutôt que de s'engager comme association partenaire. « Les éducatrices se plaignaient toutes de leur situation financière, même si on retrouvait parmi elles des femmes avec plus de 20 ans d'expérience. Il y en a qui n'ont pas été payées depuis plusieurs mois. Nous les poussons à s'organiser en coopératives, surtout pour celles qui travaillent chez elles ou dans le privé précaire », ajoute Samir Saadaoui. Observateurs avertis de leur environnement, les jeunes acteurs associatifs d'Al Intilaka se posent des questions pertinentes quant à la gestion de ce programme de préscolaire public. « Ce sont des gens de Rabat qui décident de la gestion d'une classe dans un douar perdu d'Azilal, sans suivi notamment des éducatrices. Ce genre d'initiatives ne peut réussir que s'il est réalisé en collaboration étroite avec les acteurs locaux », ajoute Samir Saadaoui. Lakbira Abekhan est une ancienne éducatrice à Afourar qui travaille aujourd'hui au sein de l'association. Elle raconte : « L'offre préscolaire à Afourar va d'une classe dans un garage au formel qui est partagé entre les classes de la FMPS et celles gérées par des associations locales. Il n'y a que des femmes qui font ce travail. Elles sont plusieurs à l'avoir choisi pour son côté pratique : travailler dans une structure à côté de chez soi, faire bénéficier leurs enfants d'une scolarité gratuite… ce qui leur permet de concilier vie privée et travail. Ces femmes sont en majeure partie exploitées, avec des salaires de misère, et ne disposent pas de couverture médicale, surtout dans le privé où règne l'anarchie. » Khadija, éducatrice dans le secteur public à Afourar ajoute : « Ces femmes sont également responsables d'une famille. Elles sont obligées de supporter toutes les injustices, y compris d'assurer plusieurs classes à la fois (moyenne et grande section), arabe et français, et d'accepter des salaires misérables. » Les personnes interviewées sur place ont également émis des critiques envers le ministère et la FMPS. « Il n'y a pas de communication, pas d'interlocuteur, pas de documents légaux que la FMPS devrait en principe fournir pour acter le partenariat. Il y a également un flou dans les responsabilités des uns et des autres. On ne reçoit ni supports pédagogiques, ni jeux et encore moins de cartables pour les élèves », fustige Riad Hamid, directeur de l'école primaire El Atlas à Afourar. « Le plus important, c'est le travail de terrain pour recruter les enfants pour remplir la classe préscolaire. La fondation est hors zone quand il s'agit de cette étape, qui est essentielle à la réussite du chantier du préscolaire en milieu rural. »

Une régularisation en bonne et due forme

Vingt-cinq kilomètres séparent Afourar de Ouaouizaght, située quasiment sur les rives du lac Bin El Ouidane. Une bourgade de moins de 15 000 habitants ne possédant quasiment aucune activité génératrice de revenus, mis à part l'hôtel Bin El Ouidane où travaillent bon nombre de ses habitants. À la tête de l'association

Ennour pour l'autonomisation des femmes, Amina Bargaz connaît bien la situation des éducatrices et des femmes en général dans cette petite ville enclavée : « Ici, les femmes sont tout le temps discriminées. Dans l'agriculture, durant la saison de collecte des olives, les femmes perçoivent la moitié du salaire d'un homme, 60 dirhams contre 120 dirhams, alors qu'elles passent la journée à sélectionner les olives dans des postures difficiles. Quant à ce métier d'éducatrice, ce sont des femmes qui assurent ce travail dans des garages ou dans des maisons, non loin des regards des frères et des pères ». Dès 2005, Amina Bargaz a commencé à intégrer ces femmes dans un cadre associatif afin de mieux défendre leurs droits. « On a longtemps travaillé en collaboration avec la délégation régionale et créé des classes dans les écoles publiques. Les éducatrices étaient alors payées par les cotisations des parents (en moyenne 50 dirhams par mois). Elles percevaient un salaire de 1 000 dirhams en travaillant matin et après-midi », se rappelle-t-elle. Puis, à partir de 2019, la porte a été ouverte aux associations dont le préscolaire était une des activités principales, afin qu'elles bénéficient des aides de l'État : une aide matérielle pour le salaire des éducatrices et le local au sein d'un établissement scolaire public. « À Ouaouizaght, celles qui font ce travail ne le font pas par amour, mais pas pure nécessité, en attendant un meilleur emploi. Pour réussir le chantier de la généralisation du préscolaire, il faut valoriser ce métier afin qu'il devienne véritablement attractif et que des profils de qualité puissent avoir envie de l'exercer », conclut-elle.

Durant l'été 2022, les annonces de recrutement d'éducatrices se sont multipliées, dans les villes comme en milieu rural, aux quatre coins du pays. On y voit l'Anapec s'associer à la FMPS et à la Fondation Zakoura Education, à la recherche de profils de jeunes personnes « ayant entre 21 et 35 ans, disposant du baccalauréat, justifiant d'une bonne maîtrise des langues, en particulier du français et de l'arabe, ayant de l'expérience dans le domaine et vivant dans le douar concerné ». Après sélection, le contrat est signé avec l'Anapec, et non pas avec le ministère de tutelle ou l'académie. La valorisation de ce métier, cruciale pour les enfants de notre pays, ne devrait-elle pas passer par l'intégration pure et simple de ces éducatrices dans le système éducatif national, au même titre que tous les enseignants ?

Industrie agro-alimentaire : Les sardinières, esclaves des temps modernes

Dounia Z. Mseffer

Fin août 2022. La chaleur est écrasante à Safi et l'air y est irrespirable. On oublierait presque que l'on se trouve en bord de mer. Pourtant, malgré cette chaleur suffocante et sous un soleil de plomb, un groupe de femmes marche silencieusement vers un coin d'ombre, juste en face d'un terrain vague d'où l'on peut apercevoir l'océan. Des visages pâles couverts de rides de vieillissement prématuré, des yeux hésitants, des dos courbés. « Il y a une cantine dans l'usine où nous pouvons nous attabler pour manger, mais c'est à nous d'amener notre propre nourriture. Du coup, avec d'autres femmes, on préfère sortir à l'extérieur, histoire de respirer un peu d'air frais et voir l'océan, loin de la puanteur de la sardine… Parfois on a même le temps de faire une petite sieste. Au moins on est tranquille pendant une heure et personne ne nous embête », explique Rachida tandis qu'elle jette au sol un bout de carton pour éviter de se salir en s'asseyant. À côté d'elle, une dizaine d'autres femmes s'installent, à un mètre de distance chacune. Face à elles, des bennes à ordures remplies à ras bord et une route goudronnée, la route de Jorf El Youbi sur laquelle défilent en continu des camions provenant des conserveries de poisson.

Nous sommes dans le secteur des unités de conserve de poisson à la périphérie de Safi. Et, elles, ce sont les sardinières, les esclaves des temps modernes. Des femmes invisibilisées qui triment à longueur de journée dans des conditions de travail dures et inhumaines. Corvéables à merci, elles sont exploitées sans que personne ne se soucie d'elles. Leurs droits sont bafoués et pourtant ce sont elles qui font du Maroc le premier exportateur au monde de conserves de sardine. Voici leurs histoires.

Safi, une ville marginalisée

Située en bordure de l'océan Atlantique, entre les villes d'El Jadida et d'Essaouira, à environ 200 km de Casablanca et à 160 km de Marrakech, Safi est l'une des plus anciennes villes marocaines. Les monuments historiques que l'on aperçoit en traversant la ville témoignent de son histoire ancienne. Safi est principalement connue pour ses poteries, mais aussi pour son port qui était l'un des plus importants du pays, pour ses industries de conserve de poisson, et pour l'important complexe industriel de transformation du phosphate, dont le Maroc est le premier exportateur au monde. L'industrie de la conserve de poisson remonte aux années 1930. Elle s'est développée et multipliée jusqu'à ce que le nombre d'unités de production atteigne plus d'une centaine. Aujourd'hui encore, la sardine marocaine, en particulier l'espèce *Sardina pilchardus walbum,* s'exporte dans le monde entier. En 2021, les exportations de conserves de sardine ont représenté 139 899 tonnes, pour une valeur de 4,4 milliards de dirhams[1]. Les conserves de poisson sont exportées essentiellement vers l'Union européenne, plus précisément au niveau des marchés français, espagnol et italien.

Mais si Safi était auparavant un emblème national de la pêche et de l'exportation de poisson, ce n'est plus le cas aujourd'hui. La ville voit son potentiel dépérir de jour en jour sans qu'aucun effort pour sa protection ne soit déployé. Safi n'est plus que désolation, en plus d'être victime d'une marginalisation extrême. Depuis plusieurs années déjà, les écologistes tirent la sonnette d'alarme et alertent sur la dégradation de son écosystème. En effet, la pollution, causée notamment par le complexe chimique situé à la sortie de la ville, a détruit la richesse naturelle de la région. Les Safiots se plaignent de la qualité de l'air et souffrent de maladies chroniques. Et les sardines, qui représentaient la richesse halieutique de la ville, ont fini par déserter la zone et migrer vers le sud, ce qui a entraîné la fermeture des usines de conserve de poisson et leur délocalisation au sud du Maroc, notamment à Agadir. Aujourd'hui, la ville ne compte plus que 19 unités de conservation de sardines que se partagent cinq grands groupes du secteur.

Si la pollution est en partie responsable de la baisse des stocks de sardines dans la région, elle n'est pas la seule. Le développement urbanistique des zones côtières, la surpêche, la surexploitation des ressources naturelles halieutiques et le non-respect du cycle de reproduction des espèces contribuent également à la dégradation du milieu marin. « Safi est enclavée et marginalisée. Il n'y a aucun investissement pour le développement de la ville, malgré la présence de l'Office chérifien des phosphates (OCP) dans la région. La seule

1. D'après les chiffres communiqués par la Fédération des industries de transformation et de valorisation des produits de la pêche (FENIP) www.fenip.com (consulté le 17 octobre 2022).

opportunité d'emploi qui existe pour les femmes ici est la conserverie de poisson. Chaque unité emploie entre 100 et 350 femmes et, en fonction des débarquements de poissons, ce nombre peut augmenter. La plupart sont analphabètes et vivent dans la précarité la plus absolue. Les conditions de travail sont très difficiles, mais elles résistent car elles sont la seule ressource financière de leurs familles. Et même si beaucoup d'entre elles sont syndiquées, leurs droits et revendications ne sont jamais pris en compte », nous explique Mohamed Maribah, président de l'Association marocaine des droits humains (AMDH) à Safi.

Route de Jorf El Youdi, le quartier de la *hogra*

Hay Trab Sini marque le début du quartier des conserveries, qui s'étend le long du littoral sur six kilomètres sur la route de Jorf El Youdi. Des déchets et des poubelles jonchent le sol tout le long de la route. Les usines de conserve de poisson font peine à voir. Tout n'est que désolation et délabrement. L'odeur du poisson pourri, des égouts et des poubelles prend à la gorge et les mouches s'en donnent à cœur joie. La plupart des usines sont abandonnées. Si certaines tiennent encore debout, d'autres tombent littéralement en ruine, donnant l'impression d'être dans une zone sinistrée. En bord de route, à côté des cars qui transportent les travailleuses, de petites échoppes proposent de la nourriture et des boissons. « Le quartier est complètement délaissé. Beaucoup d'unités ont fermé, ce qui a poussé les gens à migrer vers d'autres villes ou à l'étranger. Avec la pollution de l'OCP mais aussi les rejets des déchets provenant des usines de conserve dans la mer, il n'y a plus de poissons. Ce sont les sardines d'Agadir qui sont mises en boîte ici. Un projet de la Régie autonome de distribution d'eau et d'électricité (RADEES) pour la construction d'une station d'épuration et de pompage est en cours.

Mais le mal est déjà fait », dit Mohamed[2], ouvrier depuis 30 ans dans une des conserveries de la ville et délégué du personnel indépendant depuis quelques années.

Ex-syndicaliste depuis 2015, sa première adhésion à un syndicat était avec la Confédération démocratique du travail (CDT). Il a rejoint ensuite l'Union marocaine du travail (UMT) qu'il a quittée en 2008 avant de rejoindre l'Union générale des travailleurs du Maroc (UGTM). « Ici, tous les syndicats servent les intérêts du patronat et non pas celui des travailleurs. Un syndicat en particulier, de renommée nationale, a la mainmise sur tout le secteur. D'ailleurs, son président se balade dans les usines comme si c'était lui le patron. C'est lui qui fait la loi et gare à ceux ou celles qui osent s'y opposer. Tout le monde est corrompu : les patrons, les délégués du personnel, les inspecteurs du travail, les auditeurs, les syndicats… Il n'y a que magouilles, favoritisme, violation des droits des travailleurs, harcèlement… Les délégués du personnel, qui sont à la solde des syndicats, terrorisent les travailleuses et profitent de leur vulnérabilité. Ils se servent d'elles comme monnaie d'échange dans leurs tractations avec les patrons, et c'est pour cette raison que je me suis désengagé du travail syndical », poursuit-il tandis que l'on se dirige incognito vers la route de Jorf El Youdi. « Il ne faut pas qu'on te voie sinon je vais avoir des problèmes », me confie-t-il pendant que l'on sillonne le quartier à la recherche des femmes sardinières.

Petit à petit, commencent à apparaître les unités qui sont encore opérationnelles. On dirait des prisons. Au détour d'un virage, à travers certaines portes légèrement entrouvertes, on peut apercevoir les travailleuses décharger des camions, à bout de bras, des caisses pleines de poisson qui pèsent plus de 25 kilos chacune. Derrière

2. Tous les noms ont été modifiés.

les grandes portes de ces usines, l'exploitation fait rage. Les caméras sont partout, aussi même si l'on croise certaines femmes à l'entrée des usines, il nous est impossible d'aller leur parler sans leur porter préjudice. « Ici, tout le monde est surveillé et gare à celui ou celle qui parle à un étranger », précise Mohamed. Je décide alors de partir toute seule de mon côté.

Il est 13 heures, c'est la pause déjeuner pour la plupart des travailleurs de la zone. C'est à ce moment que je rencontre Rachida, Fatima, Souad et Khadija. Toutes travaillent dans les conserveries et habitent dans des quartiers situés en périphérie de Safi : Douar Kawki, Douar Si Abbas et Douar Amouni. Des quartiers marginalisés et pollués vu leur proximité avec le complexe industriel de l'OCP. Elles en ont gros sur le cœur ! Rachida, 56 ans, est mère de trois enfants et est originaire de Douar Kaouki. Elle travaille dans le secteur de la conserve de poisson depuis 1982. Avec un mari à la retraite, elle n'a pas d'autre choix que de travailler toute l'année d'arrache-pied pour subvenir aux besoins de sa famille. Elle a commencé comme *mqayssiya* (coupeuse de sardines) mais à force de rester debout toute la journée, et parfois toute la nuit, elle a fini par avoir des problèmes de santé et a demandé à intégrer l'équipe des femmes qui ont pour tâche de mettre les sardines dans les conserves, l'équipe de *lata*. C'est la pauvreté et « la cruauté des temps » qui l'ont poussée à travailler dans ce secteur. « On est *m'hgorin* ici, exploitées au-delà de tout. Le travail est pénible et éreintant. Je travaille en général de 7 heures à 21 heures. Mais il est rare que l'on comptabilise toutes nos heures travaillées. Par exemple, si j'ai travaillé douze heures d'affilée, ils ne comptent que quatre à six heures tout au plus. Selon eux, à savoir *el mistro*, superviseur et *l'kabrana*, la cheffe d'équipe, ce que j'ai fait en douze heures doit être fait en moins de temps et c'est donc de ma faute. Bien sûr que je suis consciente qu'ils m'exploitent, mais à qui je vais me plaindre ? Ils sont tous de mèche. En plus si on parle ou on se plaint, on nous met à la porte et on est très vite remplacées. En même temps, on n'a pas de contrat de travail donc ils peuvent faire ce qu'ils veulent, et puis il faut bien ramener de quoi manger le soir à la maison. Le choix est vite fait : on se tait et on dit *hamdoullah*. *L'khobz s'ib,* c'est dur de gagner son pain de nos jours », poursuit Rachida qui dit penser parfois à changer de métier, mais très vite elle chasse cette idée de sa tête. Il n'y a que très peu d'opportunités d'emploi à Safi. « En plus, qui accepterait de m'embaucher ? Personne ! Je suis trop vieille, ils préfèrent les jeunes. Pourtant je suis encore "d'origine" (*rires*). Et puis finalement à quoi ça sert de réfléchir, ou d'espérer une vie meilleure ? À rien, si ce n'est à déprimer ! Heureusement que j'ai mon dimanche. Au moins je peux moi aussi me faire belle et sortir dans la rue comme n'importe quelle femme, sans que les gens sachent que je suis une *sardiniya* ! », dit-elle.

« Des droits pour les travailleuses ? »

Dans les unités de conserve de poisson, les ouvrières sont exclusivement des femmes qui travaillent à la chaîne. Elles débarquent les caisses de poisson, coupent les têtes et les queues des sardines, enlèvent les viscères pour rendre la sardine plus digeste, cuisent les sardines et les mettent en boîte. C'est un travail de manipulation qui réclame une main d'œuvre nombreuse et agile. Tout se fait à la main et aux ciseaux.

Et même si elles travaillent 26 jours par mois et toute l'année, elles sont pourtant considérées comme des ouvrières saisonnières, ce qui va à l'encontre de l'article 1 de la loi 65-99 relative au Code du travail[3]. Le texte stipule en effet que, même s'il s'agit d'un travail temporaire ou saisonnier, un contrat de travail à durée déterminée doit être établi. Par ailleurs, l'article 17 stipule qu'« il peut être conclu un contrat de travail à durée déterminée pour une période maximum d'une année renouvelable une seule fois. Passée cette période, le contrat devient dans tous les cas à durée indéterminée ». Certes, les sardinières sont déclarées à la CNSS et peuvent bénéficier des allocations familiales pour celles qui ont des enfants, mais elles sont rarement payées sur la base des 26 jours. En général, les patrons ne déclarent que 12 jours de travail par mois, parfois moins. Elles sont payées à l'heure, 14,81 dirhams de l'heure, l'équivalent d'un euro à peine, et n'ont pas le droit à un congé annuel payé. Par ailleurs, tant qu'il y a du poisson, il faut travailler, même si cela implique de finir à minuit. Les heures supplémentaires ici ne sont pas comptabilisées. Les heures de travail sont calculées sur la base soit du tonnage, soit de la *barkah,* la caisse de poisson, ou encore du nombre de boîtes de conserve produites à la fin de la journée. La rentabilité conditionne le paiement. Aussi, quand elles arrivent à l'âge de la retraite, rares sont celles qui ont accumulé assez de points pour y prétendre. La plupart doit continuer à trimer jusqu'à 70 ans avant de pouvoir s'arrêter. Parfois, elles passent vingt ans chez le même employeur mais comme elles n'ont pas de contrat de travail, l'ancienneté n'est pas prise en compte et elles ne bénéficient que rarement d'augmentation. Payées sur une base bimensuelle, c'est à peine si elles arrivent à la fin du mois à gagner le Smig, soit 2 800 dirhams par mois. Certaines ne perçoivent que 1 500 dirhams par mois.

Ajouté à cela, tout l'équipement dont elles ont besoin pour travailler – censé protéger leurs mains de l'huile chaude utilisée

3. Disponible sur http://www.sgg.gov.ma/Portals/0/lois/code_travail_fr.pdf (consulté le 15 octobre 2022).

dans la mise en conserve du poisson ou pendant le processus de découpage – est à leur charge, à savoir : la combinaison, le tablier et les bottes en plastique, les gants en latex, le bonnet et les ciseaux qui, selon elles, ont une durée de vie d'à peine d'une semaine tout au plus, même si elles les aiguisent tous les deux jours. « Depuis quelque temps, il y a une pénurie de ciseaux dans la ville. On n'en trouve plus. Du coup, on est obligées de faire avec ce qu'on a. Mais c'est problématique, car quand on est *mqayssia* il faut être rapide et si nos ciseaux ne coupent pas bien, on prend du retard et on est pénalisées », affirme Khadija qui travaille dans ce secteur depuis 2000. Pour prouver ses dires, elle me montre une vidéo prise sur son lieu de travail par la cheffe d'équipe à l'occasion d'une visite de contrôle d'audit externe. La vitesse à laquelle on la voit couper les têtes et queues des sardines est hallucinante. Cela lui prend à peine quelques secondes. L'exposition aux risques d'accident est de ce fait fréquente. D'ailleurs, les cicatrices sur sa main et ses doigts déformés en sont la preuve et témoignent de la dureté de ses conditions de travail. Debout toute la journée, elle souffre également de varices, de maux de dos et de rhumatismes qui lui provoquent des douleurs insoutenables et une asthénie prononcée. « On passe plus de 10 heures debout sans pouvoir faire de pause pipi ou juste une pause de 5 minutes, histoire de s'asseoir pour soulager nos jambes. On n'a même pas le temps de se gratter la tête. On a une heure de pause par jour et c'est le seul moment où l'on peut souffler », poursuit Khadija.

Il n'y a pas si longtemps, la plupart de ces femmes devaient venir par leurs propres moyens jusqu'au quartier des conserveries en prenant le risque d'être volées ou agressées sexuellement. Certaines, surtout celles qui habitent plus loin, venaient à bord de camions entassées comme des *bhimate*, du bétail, avec tous les risques que cela comporte. De nombreux accidents de la route ont défrayé la chronique jusqu'au jour où les syndicats ont fait pression sur les patrons pour que des transports soient mis en place afin d'assurer la sécurité des travailleuses.

Souad fait partie des femmes qui ont pour tâche de décharger chaque jour les caisses de poisson et de les acheminer aux *mqayssiate* (les coupeuses). Son mari est cordonnier mais ne travaille que très rarement. Du coup, elle doit assumer toutes les charges du foyer. Mère de quatre enfants, son objectif principal est de pouvoir assurer leur scolarité. Depuis 13 ans, chaque jour, six jours sur sept, elle se lève alors qu'il fait encore nuit pour avaler rapidement un petit déjeuner à base de thé et un peu de pain trempé dans de l'huile d'olive. La route pour atteindre l'arrêt du car de la société pour laquelle elle travaille est longue et dangereuse, surtout à 5 heures du matin. La peur d'être agressée la tenaille à chaque instant. Elle avoue avoir été agressée à plusieurs reprises par des voleurs. Aussi, avec d'autres femmes vivant dans le même quartier, elles ont réussi à convaincre leur patron de faire arrêter le bus plus près de chez elles. Cependant, malgré cette petite victoire, son quotidien est toujours aussi pénible.

L'kabrana, la terreur des usines

En effet, en plus des conditions de travail dures, les femmes doivent quotidiennement affronter les abus de pouvoir exercés par les représentants des syndicats, par leurs collègues hommes et par *l'kabranate* qui, malgré les avantages que leur procure leur statut en termes de pouvoir et de rémunération, ne sont pas épargnées par ce processus de surexploitation mis en place par le patronat. Souad est harcelée régulièrement par sa cheffe d'équipe et est obligée de la soudoyer à chaque fin de mois pour éviter qu'elle ne lui cause des problèmes. « *L'kabranate* sont les pires. Pourtant ce sont des femmes comme nous mais elles n'ont aucune empathie. À chaque fin du mois, on doit soit leur donner de l'argent, soit leur acheter des "cadeaux". Malgré ça, elles trouvent toujours le moyen de nous pourrir la vie. Dernièrement, j'ai été blessée à l'épaule, ma cheffe d'équipe au lieu de m'aider m'a accablée de reproches et m'a sucré mes heures de travail. J'ai essayé de porter plainte contre elle mais le délégué du personnel a refusé d'enregistrer ma plainte. Au contraire, il lui a rapporté tout ce que j'ai dit. Un soir, elle est venue chez moi pour me menacer. Elle a fait un tel scandale devant ma maison que j'ai dû la supplier de partir en lui promettant de ne plus jamais me plaindre », raconte Souad qui dit s'être blessée à maintes reprises à la tête et à l'épaule dans le cadre de son travail. Vu le poids des caisses de poissons et la glace qui fond, elle a parfois du mal à garder l'équilibre et les caisses lui tombent dessus. « Il faut que le sang coule à flots pour qu'ils acceptent d'appeler une ambulance. De toute façon, ils ne paient même pas les frais médicaux. Et quand on dépose les feuilles de maladie, cela prend des mois pour qu'on soit remboursées. Souvent, les délégués du personnel ne les remettent même pas à la CNSS », poursuit-elle.

Fatima, elle, a 50 ans et est originaire de Douar El Qariya. Comme Rachida, elle a commencé, il y a de cela vingt ans, comme coupeuse et maintenant elle travaille dans le secteur de *lata*. Elle ne s'accorde qu'un mois par an, sans solde, pour se reposer et souffler un peu. Elle vit seule avec sa fille de 10 ans. Son mari l'a abandonnée quand son enfant n'avait qu'un an. « On est enfermées toute la journée au milieu des sardines à effectuer la même tâche pendant des heures et des heures… Et quand je rentre chez moi le soir je n'ai pas le temps de me reposer : je dois préparer à manger, faire la lessive, faire le ménage… Je n'ai personne pour m'aider et suis obligée de laisser ma fille seule à la maison pendant que je vais au travail. Je fais tout pour lui offrir un avenir meilleur. Je ne veux pas qu'elle ait à subir ce que je subis depuis plus de vingt ans. Je ne veux pas qu'elle s'esquinte la santé. Regardez-moi, j'ai à peine cinquante ans et pourtant on dirait que j'en ai soixante-dix. Ce n'est pas une vie. En plus c'est un métier où il y a beaucoup d'agressions, de harcèlement en plus de la *tamara*… Mais est-ce qu'on a le choix ? Non ! C'est notre destin et il faut l'accepter », témoigne Fatima.

Que ce soit Rachida, Fatima, Souad ou Khadija, toutes envient les « filles qui travaillent au sud », à Agadir et à Dakhla. D'après elles, elles seraient mieux traitées et travailleraient dans de meilleures conditions avec un meilleur salaire et de meilleurs horaires. « Là-bas, ce sont les hommes qui portent les caisses », affirment Rachida et Souad qui disent connaître plusieurs anciennes travailleuses de Safi installées à Dakhla où, semble-t-il, le travail serait plus « digne ».

En été, de nouvelles recrues intègrent les rangs des sardinières. Ce sont en général des jeunes filles qui profitent des deux mois de vacances pour aider la famille et ramasser un peu d'argent pour financer leurs études et acheter les fournitures dont elles ont besoin. Zohra a 19 ans et vit à Douar Kawki. Cela fait à peine une semaine qu'elle a intégré une conserverie de poisson. Sa mère y travaillait auparavant mais a pris sa retraite à la suite de problèmes de santé. Zohra n'a jamais cru qu'un jour elle suivrait les pas de sa mère mais elle dit ne pas avoir d'autre choix. « Je ne compte pas m'éterniser. J'ai vu ma mère souffrir, je ne veux pas finir comme elle. C'est un travail très pénible. il faut rester debout toute la journée et malgré ça ils nous enlèvent des heures. L'autre jour par exemple, j'ai travaillé près de neuf heures, mais ils ne m'ont comptabilisé que deux heures de travail. Et quand on se blesse, personne ne se soucie de toi, soit tu continues à travailler, soit tu sors, mais dans tous les cas tu ne seras pas payée », dit-elle. Wafae, son amie, est âgée de 21 ans et vit à Douar Amouni. Comme Zohra, cela fait à peine quelques semaines qu'elle a commencé à travailler dans une unité de conserve de poisson. Chaque jour, elle sort aux aurores pour rejoindre le quartier des conserveries où elle commence le travail à 6 heures du matin et ne rentre que très tard, à 21 heures, voire 23 heures en fonction du tonnage de poisson à traiter. Après à peine quelques jours de travail, elle s'est blessée au poignet et à la jambe. « Ils m'ont mis de la bétadine et un bandage et m'ont demandé de retourner au travail. Quand j'ai refusé, ils m'ont mis à la porte sans me payer. Il y a beaucoup de discriminations et d'exploitation, et aucun respect pour les travailleuses. Les plus méchantes sont les *kabranate*, et les travailleuses qui sont là depuis de nombreuses années. Elles sont dures et ne nous laissent rien passer alors qu'on est novices dans ce métier. Elles abusent et nous en font voir de toutes les couleurs. Ma mère avait refusé au départ que je travaille à l'usine mais j'ai insisté car nous avons besoin d'argent. Honnêtement, je regrette de ne pas avoir suivi son conseil », affirme Wafae.

Bouchra Touzni est présidente de l'association forum marocain des femmes, créée en 2006 à Safi. L'association reçoit régulièrement des travailleuses victimes de harcèlement. « Nous avons reçu dernièrement le cas d'une femme avec sa fille qui ont été licenciées pour avoir dénoncé un cas de harcèlement. Et juste avant, une jeune femme est venue se plaindre de son superviseur. Nous avons écrit à la conserverie. Tout de suite après avoir reçu nos courriels, le patron a fait appeler la jeune femme et a trouvé un arrangement avec elle. En général, ils leur donnent de l'argent pour acheter leur silence », explique Bouchra.

À plusieurs reprises, son association a essayé d'approcher les unités de conserve de poisson de la ville pour mettre en place des programmes de formation et de sensibilisation, en vain. Bouchra Tounzi s'est tournée alors vers les syndicats pour les sensibiliser à la nécessité d'informer les travailleuses sur leurs droits. Mais même son de cloche que du côté des conserveries, personne ne veut que ces femmes soient instruites. On lui claque la porte au nez avant même qu'elle ne puisse exposer ses arguments. « Les femmes sont exploitées et elles ne sont pas conscientes de leurs droits. Les patrons et les syndicats en profitent. Je dirais même qu'ils les méprisent. Ils ne veulent pas les former pour éviter qu'elles ne se mettent à revendiquer leurs droits. Ils disent que cela nuirait à la bonne marche de l'entreprise », décrit-elle. Pourtant les cas de violence sont nombreux et flagrants, mais rares sont celles qui dénoncent ces abus de peur de perdre leur seul gagne-pain. Aussi, pour faire davantage pression sur les patrons, l'association a décidé que dorénavant elle dénoncerait les cas de harcèlement directement auprès des entreprises internationales, clientes des conserveries, et des syndicats étrangers. « Je pense que l'on aura plus de chance d'être écoutées », précise Bouchra.

Le 1er septembre 2022, le Conseil de gouvernement a approuvé le projet de décret n°2-22-606[4] portant sur la fixation du salaire minimum légal dans les secteurs de l'industrie, du commerce, des professions libérales et de l'agriculture. Ce texte prévoit des dispositions instituant une hausse de 5 % du Smig. L'heure de travail dans les secteurs de l'industrie, du commerce et des professions libérales passera de 14,81 dirhams à 15,55 dirhams, ce qui équivaut à 2 970 dirhams par mois. De même, l'accord social

4. Disponible sur https://www.maroc.ma/fr/actualites/travaux-du-conseil-de-gouvernement-du-01-septembre-2022 (consulté le 15 octobre 2022).

prévoit une nouvelle hausse de 5 % du Smig en septembre 2023 pour atteindre 16,29 dirhams de l'heure, ce qui équivaut à 3 111 dirhams/mois. Khadija, Souad, Fatima, Zohra, Rachida, Wafae et Zohra bénéficieront-elles de ces avantages ? Pas sûr ! « Mais de quels droits parlez-vous ? », s'écrie Rachida. « Les droits c'est pour les autres, les gens comme vous ! Pour nous il n'y a pas de droits. Il y a juste *tamara* : on porte pendant des heures des caisses de poisson, on coupe des tonnes de sardines à une vitesse vertigineuse au risque de se couper les doigts ou la main, on entasse le poisson dans des boîtes de conserve pendant toute la journée… C'est un travail d'homme en vrai, mais les hommes n'accepteront jamais de travailler autant d'heures sans se plaindre et jamais ils ne toléreraient les magouilles des patrons et des syndicats », affirme-t-elle tout en se levant pour partir. La pause est finie. Les femmes doivent retourner à leur dur labeur. Têtes baissées pour se protéger le visage du soleil, leur gamelle à la main, le regard las, une à une elles se dirigent vers les unités de conserve de poisson à Safi. Elles ont encore de nombreuses heures à travailler avant de pouvoir rejoindre leur foyer. « Quand on aura notre retraite on pourra enfin se reposer et profiter de la vie. On a hâte ! »

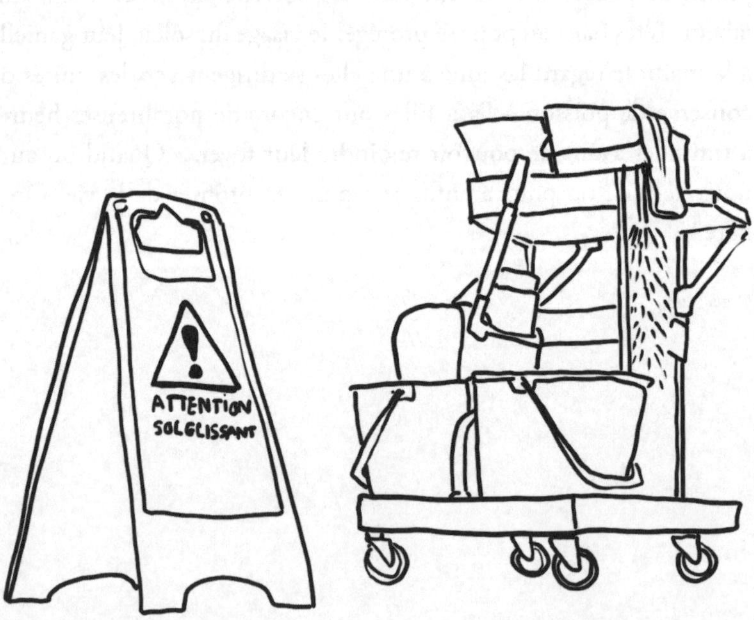
ATTENTION
SOLGLISSANT

Intérim : Agentes de nettoyage, récit d'une détresse quotidienne

Soundouss Chraïbi

Il aura fallu plusieurs semaines pour parvenir à entrer en contact avec Touria[1]. Tête baissée, discrète, la blancheur de son uniforme de travail se fond dans celle des murs du centre commercial où je la croise. Tout semble être fait pour qu'elle, au même titre que ses consœurs, ne soit pas vue. Avant elle, nombreuses sont les agentes travaillant dans des sociétés de nettoyage qui ont refusé de s'exprimer. Dans ce centre commercial de Tanger, l'une d'entre elles me promet un rendez-vous à 15 heures, à la fin de son service. À 8 heures du matin, à l'ouverture du mall, elle est déjà en uniforme, une serpillère à la main. « Il y a beaucoup de choses à raconter », répond-elle lorsque je l'aborde, la sollicitant pour un bref entretien sous couvert d'anonymat. Elle ne semble pas réticente, accepte même de me laisser son numéro de téléphone. Arrivée l'heure du rendez-vous, elle ne se présente pas. Deux appels en absence plus tard, elle finit par décrocher et bredouille : « Désolée, je ne peux pas venir, une

1. Les prénoms ont été modifiés.

prochaine fois… peut-être. » Aucune justification supplémentaire ne me sera donnée. La succession de rendez-vous manqués, similaires à celui-ci, est en réalité révélatrice de la précarité dans laquelle vivent les agentes d'entretien travaillant pour les sociétés de nettoyage : leur statut d'intérim leur procure une très faible stabilité professionnelle et les expose à un licenciement facile. Bien que tentées par l'idée de dénoncer leurs conditions de travail, s'adresser à une journaliste semble être, avec du recul, un risque à ne pas prendre.

« Il n'y a personne pour nous protéger »

Rares sont celles qui, comme Touria, osent franchir le pas, mais toujours avec des conditions. Contrairement à ce qui était initialement prévu, l'échange se fera par téléphone seulement. Si ces précautions peuvent sembler excessives au premier abord, elles s'atténuent dès que l'on entend ses premières confidences : « Du jour au lendemain, mon temps de travail et mon salaire ont été divisés par deux sans préavis. Lorsque j'ai voulu objecter, on m'a dit que la porte était ouverte pour celles qui n'étaient pas contentes. » Avec deux enfants à charge, Touria comprend qu'elle n'a pas vraiment le choix. Pourtant, probablement par pudeur, elle commence par décrire ses conditions de travail comme « correctes ». Au fil de la discussion, sa langue se délie. « Il y a encore quelques mois, je travaillais pour 2 700 dirhams par mois », confie-t-elle, en s'amusant de l'époque où, contrairement à beaucoup de consœurs, elle s'estimait heureuse de toucher un peu plus qu'un Smig. Sans détour, elle explique ne pas savoir grand-chose de son statut exact : « Quand je suis arrivée dans la société, il y a onze ans, on me faisait signer des contrats pour chaque mission que je faisais, en fonction des établissements où j'étais amenée à travailler. Depuis 2015, ils ont arrêté, et les rares fois où j'ai demandé des fiches de paie, on ne me les a jamais données. »

Ce n'est qu'en 2020, en pleine pandémie, que des documents à signer ont refait leur apparition : « Nous étions une équipe de huit femmes de ménage dans le même établissement. Pendant le covid, on nous a fait signer un document sans nous expliquer de quoi il s'agissait. Lorsque j'ai demandé autour de moi, on m'a dit que c'était un papier qui attestait qu'on touchait nos droits sociaux. Quelques jours plus tard, six femmes de mon équipe ont été licenciées parce que la société ne pouvait plus les payer. Lorsqu'elles sont allées à la CNSS pour toucher des allocations de chômage, on leur a dit qu'elles n'étaient pas déclarées », raconte Touria. Face à la trahison et l'arbitraire de la décision de la société de nettoyage, Touria et sa collègue restante décident de se solidariser avec les six autres. Pour elle, ce réflexe est naturel : « Il n'y a personne pour nous protéger, alors nous essayons de veiller les unes sur les autres. Ils ont fait ce tri par hasard, il n'y avait aucun critère de sélection. Ça aurait pu être moi. » Leur première action consiste à demander aux responsables de l'entreprise dans laquelle elles travaillent quotidiennement d'intervenir auprès de la société de nettoyage, afin de réembaucher quelques-unes des femmes licenciées. La société finit par céder, mais avec ses propres conditions, qui ne sont pas sujettes à débat. Une fois de plus. « Ils en ont réembauché quatre, mais en divisant notre temps de travail, et donc nos salaires, par deux », soupire Touria. C'est ainsi que l'emploi qu'elle considérait comme relativement stable et surtout, à plein temps, s'est vu transformé en une mission à temps partiel. Sans aucun préavis. À présent, elle ne travaille plus que deux semaines par mois, pour 1 300 dirhams.

« J'essaie de trouver du travail à côté pour compenser, mais c'est très difficile. Passé 50 ans, plus personne ne veut de vous pour faire le ménage. Ils pensent que vous êtes trop vieille, trop fatiguée, trop paresseuse pour faire un travail correct », déplore Touria, du haut de ses 52 ans. Alors qu'elle s'est longtemps contentée d'un travail auprès d'une société de nettoyage, elle ne rêve plus que d'une famille pour qui elle pourrait travailler à domicile. C'est que les raisons pour lesquelles elle avait privilégié les sociétés de nettoyage se sont effondrées au fil des années : « Pendant l'entretien d'embauche, on m'avait assuré que j'aurais une CNSS », se remémore-t-elle, amère, en évoquant une énième promesse non tenue de la part de la société de nettoyage. « En 2012, mon fils a fait une crise d'appendicite. Je l'ai emmené aux urgences et, lorsque j'ai voulu remplir les documents de prise en charge pour lui, on m'a dit que mon nom n'était référencé nulle part. J'ai dû emprunter de l'argent pour payer l'opération, alors que je travaille dur chaque jour pour subvenir à ses besoins », poursuit-elle. « Ça me fait rire, parce qu'eux ne régularisent rien, mais à la moindre absence, on nous demande un certificat médical… Comme si j'avais les moyens d'aller chez le médecin ! » Touria ne cache rien de son ironie, elle qui bataille chaque année pour obtenir quatre maigres jours de congé annuel payé. « Je suis asthmatique et ne vais jamais chez le médecin, pas plus que je n'achète des médicaments. Avec le temps, j'ai appris à me passer des visites médicales, même lorsque j'ai mal ou que je suis malade. Si je suis trop malade pour venir au travail, je donne 100 dirhams à une collègue pour me remplacer : je préfère aider une des miennes plutôt que de remplir les poches d'un médecin pour un certificat médical. » Quelques minutes avant de raccrocher, elle me demande de prier pour qu'elle trouve bientôt un nouveau travail.

Zoom sur une pratique généralisée

Un rapport réalisé par Oxfam et publié en septembre 2021, intitulé *Étude sur les conditions de travail des femmes travailleuses domestiques et agentes d'entretien et de nettoyage au Maroc*, confirme que le cas de Touria est loin de représenter une exception. L'irrégularité qui caractérise le fonctionnement de la plupart des sociétés de nettoyage au Maroc est telle que les chercheurs qui ont réalisé l'étude se sont vus confrontés à un inquiétant manque de données : le chiffre d'affaires généré, le poids du secteur de nettoyage, le nombre d'entreprises exerçant dans ce secteur, le nombre d'emplois générés... Toutes ces statistiques demeurent inconnues. À cela s'ajoute une faible, voire quasi inexistante, mobilisation des acteurs du secteur du nettoyage sous forme de syndicats, de fédérations ou d'associations. Un fait « fortement préjudiciable pour le secteur en termes de structuration et d'organisation sectorielle », souligne le rapport, et qui renforce l'invisibilisation des agentes d'entretien. Pourtant, lorsqu'il s'agit de signer des contrats avec leurs clients (bureaux, entreprises, administrations, hôpitaux, grandes surfaces), les sociétés de nettoyage semblent beaucoup plus organisées. Les prestations que fournit la société de nettoyage sont encadrées par un contrat bien précis, d'autant plus quand elle traite avec les administrations publiques. Celles-ci ont recours à une procédure d'appel d'offre pour sélectionner une société de nettoyage. Comme le souligne le rapport de l'ONG, les prestataires ayant signé des contrats avec des administrations publiques sont tenus de s'engager, entre autres, à « payer ses employées au moins le Smig tel que prévu par la réglementation en vigueur ». Pourtant, plutôt que de protéger les conditions de travail des agentes d'entretien, l'attribution de marchés publics aux entreprises de nettoyage semble représenter une source d'abus supplémentaire : « Ces dernières années, les prix des marchés publics ont été revus à la baisse avec une forte concurrence entre les entreprises prestataires. Certains marchés de services ont été adjugés à des prix très bas, parfois même à des prix inférieurs de moitié à l'estimation du maître d'ouvrage sans que la commission des appels d'offres ne les écarte systématiquement pour prix anormalement bas, comme le stipule le décret sur les marchés publics », relève le rapport d'Oxfam. Les conséquences sur les conditions de travail des employées se font immédiatement ressentir : « Les entreprises qui obtiennent ces marchés à des prix très bas vont répercuter la faiblesse de ces prix sur les travailleuses en diminuant leur salaire, en ne les déclarant pas à la CNSS et ainsi en économisant sur les cotisations sociales à régler mensuellement », constate l'ONG.

Pour contrer ces pratiques, l'ancien Chef de gouvernement Saâd-Eddine El Othmani a émis en 2019 une circulaire à l'intention des institutions et administrations publiques, les appelant à « prendre en considération [...] les droits énoncés dans les dispositions législatives en vigueur en faveur des employés qui sont recrutés pour réaliser les fonctions de gardiennage, entretien et nettoyage des locaux administratifs ». Parmi celles-ci, un congé annuel payé et l'octroi de jours fériés, un repos hebdomadaire, un Smig, une assurance couvrant les accidents de travail et le paiement des charges patronales. Selon le rapport d'Oxfam, cet appel est resté sans réponse : « Les entretiens réalisés avec des associations de défense des travailleuses et des syndicats ainsi qu'avec l'inspection du travail font ressortir que ces préconisations gouvernementales sont restées lettre morte pour la plupart des administrations publiques dans la passation, l'attribution et l'exécution des marchés publics. »

« Je n'ai jamais vu de contrat »

L'herbe n'est pas plus verte du côté des marchés privés. Sanaa a passé deux ans à travailler en tant qu'agente d'entretien dans une entreprise de nettoyage, avant de se tourner vers du ménage auprès de particuliers. Si cette période, qu'elle qualifie de « douloureuse », remonte à de nombreuses années, elle en conserve tous les détails.

Alors à peine âgée d'une vingtaine d'années, Sanaa entend outrepasser le rythme intense qu'infligent les entreprises de nettoyage en misant sur l'endurance que lui permet son jeune âge : « Ma journée de travail commençait à six heures du matin, du lundi au samedi. On m'avait attribué deux étages, en plus de l'entretien des escaliers de l'immeuble. Je commençais par vider les poubelles, faire les sols, essuyer la poussière puis nettoyer les toilettes. Il fallait avoir fini tout ça avant que les cadres n'arrivent à 8h30 », raconte-t-elle. Sa journée est loin de s'arrêter là : « Ensuite, je passais aux escaliers. Ça me prenait généralement deux heures. Je devais attendre la pause déjeuner pour pouvoir continuer le ménage à l'étage, car on n'avait pas le droit d'apparaître dans les bureaux pendant qu'ils étaient là. Je me débrouillais pour prendre une petite pause de 20 minutes pour manger, avant de m'en aller vers 15 heures. » Le tout, pour 300 dirhams par semaine, remis en espèces. Sur certains points, le récit de Sanaa fait écho à celui de Touria. Là encore, plus les conditions de travail sont pénibles, plus les employés font spontanément preuve de solidarité entre eux : « Je me souviens d'un laveur de vitres qui travaillait dans notre équipe. Un jour, il est tombé de plusieurs étages et s'est cassé l'épaule. Puisque la société ne voulait pas l'aider, toutes les femmes de ménage avaient cotisé pour payer son opération. On s'entraidait beaucoup, parce que chacun savait ce que l'autre traversait. Lorsque c'était possible, on essayait d'avancer de l'argent à celles qui ne pouvaient pas payer leur loyer par exemple. » Au fil de ses confidences, la désolation qu'elle éprouve en repensant à ses anciennes consœurs ainsi qu'à ce qu'elle a enduré à leurs côtés est palpable. À ce rythme effréné et cette absence totale de prise en charge, s'ajoutent des dangers quotidiens passés sous silence et absolument négligés par l'employeur. « La société ne nous payait pas de transport, alors il fallait se débrouiller pour venir au bureau chaque jour. Ce n'est pas facile, quand on est une femme seule, de sortir de chez soi chaque matin à 5h30. La rue est déserte. J'avais toujours peur de me faire agresser. C'était une vraie préoccupation. Dieu merci, ça ne m'est jamais arrivé, mais ça aurait pu », poursuit Sanaa avec une poignante sincérité. Au petit matin comme tard la nuit, ce sont les mêmes craintes qui l'envahissent : « Des fois, pour des extras payés 50 dirhams, on finissait à une heure, voire deux heures du matin. Là encore, il fallait se débrouiller pour rentrer chez soi. » Pour ce qui est des horaires de travail, le rapport d'Oxfam évoque une moyenne de dix heures par jour pour les agentes d'entretien, bien que celles-ci soient souvent irrégulières et dépendent de chaque employeur.

« Il y avait des jours où je rentrais chez moi avec les mains brûlantes. Des fois, ils ne nous donnaient même pas de gants. J'ai travaillé dans des immeubles en construction, où il fallait gratter du ciment dur avec une brosse et les mains. J'ai tenu en me disant que je préférais toujours ça plutôt que de mendier ou de faire du mal autour de moi pour nourrir mon fils », se souvient Sanaa. Après deux années de cauchemar, elle décide finalement de se tourner vers du ménage à domicile : « La maison, au moins, tu y manges et tu y bois, et les matières que tu touches sont beaucoup moins dangereuses. Lorsque j'ai eu cette possibilité, je n'ai pas hésité à partir. » Un choix que Fatema, tout juste trentenaire, célibataire et mère d'une petite fille, a elle aussi fini par faire. Lorsque je l'aborde dans un supermarché à Casablanca en sollicitant quelques minutes de son temps, elle me précise d'emblée qu'il s'agit de son dernier jour de travail : « Je n'en peux plus », soupire-t-elle. Bien qu'elle arbore leur uniforme bleu tous les jours depuis six mois, Fatema dit ne pas savoir grand-chose de la société de nettoyage pour laquelle elle travaille. Ses connaissances se limitent à trois femmes qui nettoient quotidiennement le même supermarché qu'elle, ainsi que le superviseur qui vient leur remettre

1 800 dirhams entre le 1er et le 10 de chaque mois. « Je n'ai jamais vu de contrat. On me donne mon argent, rarement à la même date, et c'est tout. Tous les jours en venant ici, j'ai peur de tomber ou de me faire mal, car je sais qu'il n'y aura personne pour m'aider », explique-t-elle. Car il n'est pas question pour Fatema de rêver d'une quelconque prise en charge sociale : lorsque je fais allusion à la CNSS au détour d'une phrase, le sujet est tourné en dérision. Pour réponse, elle ouvre la bouche et écarte ses lèvres, donnant ainsi à voir deux gencives à moitié édentées : « Regarde par toi-même ! Ça fait des années que je cherche un travail qui aurait pu me permettre de soigner mes dents. Je n'en ai jamais trouvé. Que ce soit ici ou ailleurs, je n'ai jamais été inscrite à la CNSS. » Pour Fatema aussi, le ménage à domicile, qui comporte pourtant son lot de malheurs, de dangers et d'abus, représente une meilleure option : « Ma fille reprend l'école la semaine prochaine. Quitte à être payée une misère, je préfère passer plus de temps chez moi pour m'occuper d'elle et aller travailler chez les gens quelques fois par semaine pour compenser. »

« Chaque entreprise et sa conscience »

Les dérives et abus que subissent les agentes d'entretien peuvent aussi être imputés à l'absence de réglementation propre à la spécificité de leur métier, contrairement aux activités de gardiennage par exemple, qui sont soumises à la loi 27-06 sur la sécurité privée. En fonction de leur statut vis-à-vis de la société de nettoyage, les agentes d'entretien ne peuvent se rattacher qu'à deux lois, toutes deux très génériques. Comme le souligne le rapport d'Oxfam, si une agente est salariée dans une entreprise de nettoyage, l'exercice de son activité est soumis à la loi 65.99 relative au Code du travail, qui encadre la relation salariale, tous domaines confondus. Si elle est placée dans une entreprise comme intérimaire, ce sont les articles

477 à 504 – relatifs au travail intérimaire de manière générale – qui s'appliquent à son activité. Le travail domestique aurait pu présenter un avantage de taille pour les professionnelles du nettoyage, puisqu'il est, depuis 2018, encadré par la loi 19-12. Le texte exige un contrat de travail, des horaires n'excédant pas 48 heures par semaine, un revenu minimal à hauteur d'au moins 60 % du Smig et un congé annuel… Encore faudrait-il qu'il soit appliqué. À domicile ou auprès des entreprises de nettoyage, l'informel règne, et le manque d'outils de contrôle du respect des quelques lois existantes isole d'autant plus la relation entre l'agente et son employeur, alors régie par des paramètres arbitraires. « Je vais te dire, c'est chaque entreprise et sa conscience. Soit elles décident d'être correctes avec nous, soit elles ne le sont pas », explique Souad qui, depuis douze ans, est affectée dans les sanitaires du même centre commercial, dont elle me demande de taire le nom. Il est près de 20 heures lorsque je vais à sa rencontre. Sa journée de travail ne devrait pas tarder à s'achever, me prévient-elle. Vers cette heure-là, la fréquentation commence à diminuer et elle se permet alors de s'asseoir, sur le rebord d'un petit muret à l'entrée des toilettes, pour souffler. « Il ne me reste que quelques années avant la retraite », m'indique-t-elle, comme pour s'encourager. Tous les six mois, son employeur lui fait renouveler un contrat à durée déterminée, qui lui assure des droits et une couverture sociale. « Je ne touche pas le Smig, mais je suis déclarée à la CNSS et j'ai droit à une retraite et à des congés. C'est déjà beaucoup dans ce domaine. » Souad parle peu et ne s'attarde pas sur les aspects négatifs de son travail. Pourtant, au cours de notre brève discussion, elle admet avoir progressivement senti sa santé se dégrader : « Il y a quelques années, je me suis rendu compte que parfois, en rentrant chez moi, j'ai mal aux poumons. Lorsque je suis en congé, je ne ressens plus ces douleurs. Un médecin a fini par m'expliquer que c'était à cause des produits de nettoyage avec lesquels je travaille. » Je remarque les

gants en caoutchouc qui recouvrent ses deux mains et m'aventure à lui demander s'ils sont fournis par la société : « Oui, ils nous donnent des gants, mais pas de masque. Écoute, tu ne trouveras jamais une société de nettoyage qui respecte 100 % des droits de ses employés. Chez nous, ça n'existe pas. Mais comparé aux autres, je m'estime très heureuse. La réalité, c'est que soit tu as la chance de tomber sur une société correcte qui respecte ses employées, soit il n'y aura personne pour t'aider. Moi, j'estime que j'ai eu de la chance. »

Arts populaires : *Cheikhate*, l'interdit désirable

Oumayma Aghzere
et Abdessamad Khadiri

Quand Ali Essafi, le réalisateur du documentaire *Le Blues des Cheikhate*, disait qu'il préparait un film sur ces artistes, les gens se moquaient de lui et lui disaient : « Est-ce qu'il n'y a que ça à faire, un film sur les *cheikhate* ? » Et nous-mêmes, quand nous disions à nos ami.e.s que nous écrivions un texte sur les *cheikhate*, nous avons eu droit à la même réaction. Notre enquête a coïncidé avec le débat soulevé par la série *El Mektoub*, diffusée sur la chaîne 2M et dans laquelle l'actrice Dounia Boutazout jouait le rôle d'une *cheikha*.

Depuis le 3 avril 2022, premier jour du ramadan, et dès les premiers épisodes, cette série a suscité des commentaires négatifs, surtout sur le métier de *cheikha*. Certains prétendaient que le but de cette série était de faire de la *cheikha* un modèle pour la société. Le débat s'est aggravé lorsqu'un prédicateur, cheikh Yassine El Amri, a publié une vidéo sur sa chaîne YouTube, dans laquelle il s'insurgeait contre le fait que la série valorisait la *cheikha*. Pour lui, « les *cheikhate* ne méritent pas d'être un sujet pour les médias et les séries ». Et d'ajouter : « Il faut faire attention ! Cette série banalise les choses quand elle montre le harcèlement moral et les difficultés que rencontrent la fille à cause du métier de sa mère, une femme qui a fait des études et a essayé de prouver ses compétences au sein de la société. » Pour le cheikh, « c'est un phénomène qu'il ne faut pas ignorer : il ne faut pas en parler mais faire des efforts pour l'arrêter. » Cela a donné naissance à une polémique : certains défendaient la *cheikha,* la considérant comme une figure patrimoniale ayant joué divers rôles dans la vie politique et sociale du Maroc ; d'autres au contraire estimaient que c'était un métier de prostituée et que la *cheikha* ne pouvait être qu'une danseuse exclue et marginale.

Sur les réseaux sociaux, en réponse à la question suivante : « Accepterais-tu que ta fille ou ta sœur soit une *cheikha* ? », la polémique fait rage. Un déferlement de violence et de haine lié à la représentation que la plupart des Marocains ont de ces femmes : « Tout le monde sait qui est la *cheikha*, où elle part, ce qu'elle fait, quand elle sort, ce qu'elle dit et ce qu'elle porte. » Ou encore : « *Cheikha* est un mot que nous n'avons jamais osé prononcer. Pour nous, c'est une pute qui se prostitue en public. » On les accuse souvent de voler ou de ne chanter que des sujets honteux. Certains considèrent même la *cheikha* comme une figure démoniaque : « Nous sommes tous pour le cheikh, et nous demandons la protection de Dieu contre la *cheikha* ! » D'autres sont allés jusqu'à faire le parallèle entre la mission des prophètes et celle de ces prédicateurs : « Quand tu vois ce qui se passe avec le cheikh, tu réalises à quel point la mission des prophètes était difficile. Ce cheikh n'a voulu qu'orienter des musulmans et regarde ce qui lui arrive *!* » Ou encore ceci : « La liberté individuelle, c'est choisir si tu veux boire du thé ou du café avec ou sans sucre… Mais dans la religion, il n'y a pas de liberté individuelle, il y a : "Écouter et obéir", donc on vit comme il est exigé, pas comme on le désire. Une seule conférence de 2 minutes de la part de cheikh El Amri a montré que le Maroc était plein de fils et filles de *cheikhate* ! » Un hashtag a même été créé pour défendre le cheikh : *#al-ustâd_yâsîn_al-'amrî_yumaththilunî* (Cheikh Yassine_El Amri me représente), partagé par plus de 1 900 personnes. Aucun en revanche pour prendre la défense des *cheikhate.*

Ces commentaires montrent le niveau de stigmatisation que vivent les *cheikhate* à tous les niveaux.

Hadda Ouakki : une vie d'injustices

Hadda Ouakki occupe une place importante dans la chanson marocaine mais son parcours est jalonné d'injustices. Quand nous l'avons appelée, c'est une dame à la voix fatiguée qui nous a répondu. Elle a évoqué ses souffrances, sa récente opération à l'œil, ses dents tombées… « Même les chansons que j'ai faites et les paroles que j'ai chantées, je n'ai pas bénéficié de mes droits d'auteur dessus », a-t-elle ajouté d'un ton las, avant de nous donner rendez-vous.

Hadda Ouakki vit désormais dans le village d'Aït Ishaq, près de Khénifra, au cœur du Moyen-Atlas. Un village écrasé par la chaleur en ce mois d'août, en pleine montagne où, à part le grand taxi, personne ne circule. Le chauffeur, quand nous lui demandons où se trouve la maison de Hadda Ouakki, fait ce commentaire : « Une grande artiste, connue au Maroc et ailleurs ». « Malheureusement, elle souffre aujourd'hui », ajoute un autre passager.

Le chauffeur de taxi nous dépose en face de sa maison, dans une ruelle, non loin du centre du village. Nous sommes reçus dans un salon rempli d'anciennes photos, que l'artiste a disposées sur les coussins. Hadda Ouakki a la soixantaine. Elle porte une longue tenue de couleur verte à pois blancs et un foulard léopard. Elle a l'air fatigué. Elle s'installe près de nous, rabattant son foulard sur sa bouche, et se raconte.

Son nom complet est Hadda Ouakki Naciri. C'est ce qui est écrit sur sa carte d'artiste. Elle est née en décembre 1953 à Aït Ishaq. Elle est issue de la *zawiya* de Tazeroualt, des chorfas de Sidi Hmad Ou Moussa à Tiznit. C'est à travers les photos du salon qu'elle retrace son parcours. Elle les prend une par une pour nous en raconter l'histoire.

Les premières, c'était en 1972 puis en 1978 à Casablanca, lorsqu'elle était encore jeune. Elle a passé toute son enfance et sa jeunesse à chanter, sa passion. Elle a commencé quand elle avait 4 ans. Elle adorait chanter, comme les filles de la campagne. Mais son père n'acceptait pas la musique ni ne tolérait ce qu'elle chantait. Elle chantait donc pour les garçons, qui lui offraient 50 centimes. Quand elle a eu 10 ans, sa mère lui a dit qu'il fallait commencer à apprendre à faire le ménage, à préparer le pain, etc. « Casablanca est vaste », avait-elle répondu, sans même connaître la ville à cette époque. Pour casser son fort caractère, son père l'a obligée à se marier à l'âge de 14 ans avec un homme âgé. Au bout de 15 jours, elle a divorcé. Elle a toujours refusé de se remarier et n'a pas eu d'enfants.

Après son divorce, Hadda Ouakki est restée un an et demi chez elle, jusqu'au jour où Bennacer Oukhouya[1] a fait une fête à Khénifra, qui n'était alors qu'une préfecture. Il y avait aussi une fête à Aït Ishaq, à la municipalité. Quand elle a entendu que sa troupe était là, elle est venue et est entrée sans saluer personne, alors qu'il y avait le caïd et d'autres personnalités. Elle n'a vu que Bennacer Oukhouya en train de jouer du *bendir*. Elle a dit au portier qu'elle voulait le voir parce qu'elle adorait la musique et s'est installée. À un moment, elle s'est mise à chanter un morceau en arabe. « Je ne connaissais pas l'arabe mais je savais le chanter. » Bennacer Oukhouya lui a demandé si elle était vraiment divorcée, vu son jeune âge. « J'ai répondu que j'étais adulte même si j'étais petite de taille. » Lorsqu'il a voulu repartir, pour aller à Casablanca travailler dans les hôtels et les cabarets, il lui a demandé si elle pouvait l'accompagner. « Je lui ai répondu que oui, que j'étais grande. » Sa famille, sa tribu n'ont évidemment pas accepté son choix, mais elle n'en a eu que faire. Tout ce qu'elle voulait, c'était chanter.

En décembre 1969, elle est partie pour Casablanca. Là, elle a travaillé dans des cabarets de standing, où elle ne manquait de rien. « Tout ce que j'aimais, je l'ai eu. » Elle a d'abord chanté dans la troupe de Bennacer Oukhouya, puis de Abdellah Zahraoui. Ensuite, elle a été avec un groupe à Azrou.

« Quand je travaillais dans les cabarets de Aïn Diab à Casablanca, le patron nous payait à la journée. Il n'y avait ni contrats ni rien. Chacun faisait ses heures et était payé soit à la journée, soit tous les 15 jours ou

1. Chanteur marocain, né en 1939 à Zaouiat Cheikh. Il a commencé en 1961 sa carrière d'artiste, qui a duré plus de 24 ans. Bennacer Oukhouya a été en duo avec Hadda Ouakki, et tous deux ensemble ont créé un répertoire musical riche. Voir Nait Youssef, Mohamed, « Bennacer Oukhouya, une voix singulière venue de Zaouiat Cheikh », 4 janvier 2017. Disponible sur https://albayane.press.ma/bennacer-oukhouya-une-voix-singuliere-venue-zaouiat-cheikh.html (consulté le 14 octobre 2022).

soit au mois. En général, c'était au mois. Il y avait aussi *lghrama*[2]. Dans tous les cas, même pour les enregistrements, c'était le responsable qui prenait tout et ne donnait à la troupe qu'une petite somme. »

Hadda Ouakki soupire. « Ce qui me fait mal aujourd'hui, c'est que je n'ai rien du tout. C'est pour cela que je suis tombée malade. Il y a des artistes qui prennent 3 millions[3] de droits d'auteurs par mois. Moi je n'ai rien. Bennacer Oukhouya a tout enregistré sous son nom. Abdellah Zahraoui, avec lequel j'ai travaillé presque 35 ans, a fait la même chose. Je n'ai pas eu mes droits. Les *chioukh* avec lesquels j'ai travaillé ont profité de ce que j'étais très jeune et ignorante pour ne pas me donner mon argent. Je leur ai pardonné, mais aujourd'hui, je suis âgée, je suis fatiguée, je ne peux plus chanter comme avant, je ne travaille plus, ma famille est pauvre. »

Elle a pourtant essayé de faire valoir ses droits. « Un jour, c'était avant le covid, je suis allée au Bureau marocain du droit d'auteur, on m'a dit que Bennacer Oukhouya et Abdellah Zahraoui avaient tout enregistré à leurs noms et que je n'avais rien. En 1971, on avait chanté *L'alem ya l'alem, Habibi el ghali, Halli lbab a Souad, Al'essassa maritou ghzali*, beaucoup de chansons. Les paroles étaient de nous tous… Pour avoir mes droits, il me faudrait recommencer dès le début, mais c'est trop tard maintenant, je ne peux plus rien faire. Il faudrait que je cherche mes cassettes, au moins quatre, et que je les apprenne par cœur, parce que j'ai tout oublié. Car le Bureau des droits d'auteur demande que j'apporte la preuve que ce sont mes œuvres, sinon que je les enregistre de nouveau. J'attends juste qu'il fasse moins chaud pour y retourner et demander mes droits, et pour aller à la radio amazighe afin de collecter mes chansons et mes anciens enregistrements. »

2. Don offert par les invités sous forme d'argent.

3. 3 millions de centimes, environ 30 000 dirhams.

Discriminations en chaîne

Ces discriminations, Hadda Ouakki n'est pas la seule à les avoir subies. Bien des *cheikhate* de différentes villes du Maroc les ont vécues.

Le poète Hassan Najmi est l'auteur d'une étude de référence sur l'art de l'Aïta[4], où il relève que « dans les métiers artistiques, les discriminations touchent les femmes plus que les hommes. En effet, la société marocaine n'accepte pas que ce genre de métier soit pratiqué par des femmes. Cette discrimination s'aggrave lorsque nous parlons des arts populaires. »[5] La *cheikha* est ainsi discriminée à tous les niveaux : religion, famille, éducation, média, culture et économie.

Au niveau professionnel, les *cheikhate* travaillent de façon informelle, sans contrat écrit. Même les syndicats de professionnels de l'art ne les reconnaissent pas.

La loi numéro 68-16 relative à l'artiste et aux métiers artistiques, promulguée par le Dahir n°1-16-116 du 25 août 2016 permet pourtant de considérer la *cheikha* comme une artiste-interprète, vu qu'elle « représente, récite, chante et interprète de toute autre manière les œuvres artistiques et littéraires ou des expressions populaires et patrimoniales »[6] et qu'elle pratique une activité artistique qui s'inscrit dans le cadre du spectacle vivant. Le texte de loi reconnaît la *cheikha* comme une artiste et lui permet d'obtenir une carte d'artiste mais, dans les faits, la plupart d'entre elles ne bénéficient pas de ces avantages par ignorance des procédures. Ni le ministère de la Culture, ni le Bureau

4. NAJMI ,Hassan غناء العيطة : الشعر الشفوي والموسيقى التقليدية في المغرب (*Ghita 'al'-aïta ,chi'r chafawî wa musiqâ taqlidiya fi l-Maghrib) Al-Aïta ,poésie orale et musique traditionelle au Maroc,* Casablanca ,Toubkal.2007

5. Entretien avec Hassan Najmi, 18 avril 2022.

6. Loi n°68-16 relative à l'artiste et aux métiers artistiques, Bulletin Officiel n°6526 – 15 décembre 2016.

marocain du droit d'auteur, ni les organisations culturelles et artistiques ni les associations n'assument envers elles leur responsabilité.

Comme elles ne travaillent qu'avec un contrat oral, sur la base de la *kelma*, ces femmes sont de fait la proie des autorités, de l'employeur qui organise la cérémonie, de la boîte de nuit ou du restaurant mais aussi du chef du groupe auquel elle appartient. « Leur salaire est toujours plus bas que celui des autres membres du groupe », ajoute Hassan Najmi.[7] Cette violence économique est souvent doublée de violences et de harcèlement sexuel. Sans oublier une violence symbolique : c'est la personne qui organise les cérémonies, que ce soit un mariage, une fête ou une soirée, bref, qui a l'argent, qui leur impose leur nom de scène – *Mejraba*, *Zehafa*, *Kharboucha*, *Kharbouaa*… Des noms qui deviennent plus connus que leurs vrais noms.

Les *cheikhate* sont par ailleurs exclues du « cadre social de référence » qu'est la famille, comme l'explique l'anthropologue française Fanny Soum-Pouyalet. Dans son ouvrage Le corps, la voix, le voile[8], elle note que se marier avec une *cheikha* ou avec sa fille est considéré comme inacceptable. Ce que confirme l'ethnomusicologue américaine Alexandra Ciucci : « Rares sont les Marocains qui acceptent de bon cœur que leurs filles se consacrent à une carrière musicale ou que des membres de leur famille épousent des musiciennes. »[9] Se marier avec une *cheikha* ou être le fils ou la fille d'une *cheikha* est considéré comme une source de problèmes. Si Hadda Ouakki a pu vivre selon

7. Entretien avec Hassan Najmi, 18 avril 2022.

8. Soum-Pouyalet, Fanny, *Le corps, la voix, le voile : Cheikhat marocaines*, Paris, CNRS Éditions, 2007. Disponible sur doi :10.4000/books.editionscnrs.3664 (consulté le 21 octobre 2022).

9. Ciucci, Alexandra, « Les musiciennes professionnelles au Maroc », *in Cahiers d'ethnomusicologie*, n°18, 2005, p. 2. Disponible sur http://journals.openedition.org/ethnomusicologie/439 (consulté le 21 octobre 2022).

son choix sans se marier et avoir des enfants, d'autres *cheikhate* n'ont pas cette chance : à cause de leur métier, elles sont obligées de se marier avec des hommes du même domaine.

Détentrice d'un savoir persécuté

Pourtant, liée au monde de la musique et des cérémonies, insiste Fanny Soum-Pouyalet, la *cheikha* est « détentrice d'un savoir »[10], notamment musical.

L'histoire de ce métier remonte à la période coloniale. Avant, les femmes avaient toujours chanté lors des festivités et des cérémonies familiales, y compris avec les hommes. Jamais elles ne s'étaient vu interdire de chanter. C'est le colonialisme qui est la cause de la dévalorisation des *cheikhate*, note Hassan Najmi. La dégradation de leur statut est due à la transformation qu'a connue le Maroc à cette période, avec l'apparition de centres urbains modernes.

C'était dans les structures rurales traditionnelles que les *cheikhate* jouissaient d'une grande reconnaissance : au village, où leur art était très apprécié, elles étaient considérées comme des femmes savantes, qui exprimaient les problèmes de leur tribu et de leur pays. Cheikha Neiriya fut un exemple concret, connue par son poème *Chouj'ân*, les courageux. Son nom complet est Mbarka Bent Hammou El Behichiya. Originaire de la région de Béni Mellal, elle a vécu à l'époque du protectorat, contre lequel elle a lutté à travers l'art de l'Aïta. Sans oublier la figure emblématique de la résistance féminine, Kharboucha. De son vrai nom Hadda El Ghiatiya, originaire de la région de Safi, c'est la femme qui s'est révoltée contre le pouvoir et surtout contre l'autorité du caïd Aïssa Ben Omar. Elle a chanté sa

10. SOUM-POUYALET, Fanny, *Le corps, la voix, le voile*, *op. cit.*

souffrance et a composé des vers pour dire l'injustice vécue par sa tribu.

Au contraire, dans les grandes villes comme Casablanca, Rabat et Kénitra, c'était le monde des cafés, des restaurants et des boîtes de nuits. Le monde du salariat. Et c'est en tant qu'animatrices de ces espaces que les *cheikhate* ont été demandées. Elles ont été reléguées à une fonction strictement artistique, voire de divertissement : « Les *cheikhate* se sont retrouvées directement confrontées à l'espace public. […] Leur fonction, axée sur la transmission d'une parole collective, a perdu sa raison d'être et s'est muée en prestation ludique et artistique, entraînant le discrédit progressif de la profession »[11], note Fanny Soum-Pouyalet.

Hajib est un chanteur populaire connu au Maroc. Considéré aujourd'hui comme un pionnier de l'art de l'Aïta au Maroc, il a commencé à chanter à l'âge de 13 ans. Il a appris les bases de l'Aïta grâce à Fatna Bent Lhoucine et porte un grand intérêt à l'histoire de cet art. Il relève la rareté, voire la disparition des *cheikhate*. En effet, beaucoup de *cheikhate* danseuses ont renoncer à exercer la *machyakha,* ce métier. Il y en a certes aujourd'hui qui ont de bons salaires mais elles souffrent de la stigmatisation sociale. Celles qui ont connu les pires discriminations, avec des salaires misérables, une absence de protection sociale, qui vivaient dans des chambres, sont décédées.

Pour Hajib, ces discriminations et cette stigmatisation sont la conséquence d'une suite de politiques culturelles appliquées aux arts populaires, notamment aux *cheikhate*, qui les reconnaissent comme un patrimoine dans toutes les festivités, mais sont incapables de leur

11. *Ibid.*

assurer leurs droits élémentaires. De plus, ces femmes ont du mal à bénéficier d'une protection sociale car elles ignorent les démarches à faire. Et la protection sociale suppose une cotisation régulière. Or, comment pourraient-elles s'en acquitter alors qu'elles ne peuvent même pas payer la location de leur chambre ? Hajib raconte le cas d'une *cheikha* de Safi qui n'avait pas les moyens de payer son loyer : le propriétaire voulait récupérer la chambre pour la louer mais l'a laissé habiter dans une petite cuisine dont il ne se servait pas, en lui disant : « Tu peux rester là jusqu'à ta mort. »

Hajib souligne la responsabilité du ministère de la Culture dans la protection de ce métier. « Le ministre doit avoir plusieurs consultants spécialisés dans tous les domaines artistiques et culturels, et chacun d'eux doit savoir ce qui se passe dans son domaine. » Jusqu'à aujourd'hui, Hadda Ouakki fait toujours face à une discrimination liée au non enregistrement de ses œuvres à son nom, situation à laquelle le Bureau marocain du droit d'auteur n'a pas réagi.

Le 27 juin 2022, la Chambre des représentants a adopté le projet de loi n°25.19 relatif au Bureau marocain du droit d'auteur et des droits voisins[12] dans lequel est précisé que l'adhésion d'un artiste à cet organisme lui permet de bénéficier de droits matériels et immatériels, ainsi que d'une couverture sociale (assurance maladie et retraite). Pourtant, la question de l'accès à ces démarches se pose toujours vu que la plupart des artistes populaires au Maroc n'ont jamais eu l'opportunité d'aller à l'école. Afin de leur garantir leurs droits, il est nécessaire de faire un travail de collecte et de réattribution des anciennes œuvres enregistrées sous les noms d'autres artistes.

12. https://www.chambredesrepresentants.ma/fr/actualites/la-chambre-des-representants-adopte-lunanimite-le-projet-de-loi-ndeg2519-relatif-au, (consulté le 17 octobre 2022).

Cependant, la possibilité pour les anciennes *cheikhate* de bénéficier de leurs droits est toujours problématique, *a fortiori* en l'absence d'un syndicat qui défende les arts populaires. Aujourd'hui, poursuit Hajib, « ce qui peut garantir à ces femmes leurs droits, c'est d'abord le recensement de celles et ceux qui pratiquent les arts populaires au Maroc et la classification et l'archivage de leurs œuvres. Ce travail est le seul moyen de leur garantir le bénéfice de leurs droits d'auteur. Mais cette mission de collecte ne doit pas être laissée aux artistes. » Hadda Ouakki est aujourd'hui la seule à se battre pour ses droits. Après une vie à enchanter le public, la plupart des *cheikhate*, comme ce fut le cas de Fatna Bent Lhoucine (1935-2005), se retrouvent, âgées et malades, dans des chambres minables, sans rien pour s'assurer de finir leurs jours dans la dignité.

Ghassan El Hakim : « La *cheikha* est une figure qui a pu franchir les siècles sans fléchir. »

Ghassan El Hakim est comédien et fondateur de la troupe Kabareh *Cheikhats*.

Parlez-nous de Kabareh *Cheikhats*, de sa genèse...

Kabareh *Cheikhats* est une *fraja*, un spectacle inspiré du *bsat* marocain qui rend hommage aux anciennes cheikhate. C'est né après une fausse audition que j'ai fait passer à mes élèves de théâtre à Casablanca. On était censés monter une pièce de théâtre de cinq hommes qui se transforment en *cheikhate* la nuit, mais c'est vite devenu une suite de numéros où chacun montrait sa *cheikha*, sa part de féminité.

Assumer une identité féminine, est-ce une manière de rendre justice à ces chanteuses populaires et de les réhabiliter ?

Je ne crois pas que cela leur rende justice. C'est plutôt lorsqu'on revêt le costume de la cheikha, lorsque la femme en nous se révèle, que nous sentons l'injustice et le poids du regard que porte la société sur ces femmes. Remonter sur scène et continuer à faire ce spectacle est notre manière de défier cette injustice et de changer le regard envers ces chanteuses.

Avez-vous entrepris un travail de recherche sur ces divas de l'Aïta, et quelles sont les principales conclusions de ces investigations ?

En travaillant sur les *cheikhate*, en puisant dans les archives, en écoutant des histoires de gens proches d'elles, nous avons remarqué que la majorité des cheikhate (celles des années 1960, 1970, jusqu'aux années 1990) ont connu une vie pénible. Le documentaire *Le Blues des cheikhate* de Ali Essafi retrace cette tragédie. Elles sont comme frappées par une malédiction, « comme des bougies qui se sacrifient pour éclairer le chemin des autres », et jamais le leur.

Quel a été l'effet du protectorat français sur l'Aïta et sur les cheikhate ?

Il suffit de regarder le film *Mektoub* (C'était écrit, 1919) de Jean Pinchon pour comprendre que les pionniers de la colonisation au Maroc étaient conscients de la dangerosité d'une telle figure féminine dans une société fraîchement soumise. Les *cheikhate* ont été stigmatisées, assiégées dans des quartiers réservés aux prostituées afin de créer l'amalgame. Amalgame qui continue de faire son effet jusqu'à aujourd'hui. Le protectorat n'a jamais fait de cadeau ni aux *cheikhate*, ni aux autres figures qui composaient la société impériale de l'époque. Au contraire, il a essayé de détruire toute attache à ce matrimoine.

Pouvez-vous nous citer quelques-unes des *cheikhate* qui vous ont le plus influencé ? En quoi leur apport a-t-il été capital ?

Nous nous intéressons à toutes les cheikhate. Chacune a eu un apport capital pour cet art : Bouchaib Bidaoui est le modèle à suivre, un homme-femme courageux et fidèle à ses vertus, qui éprouvait un grand amour pour son pays et son mode de vie. Fatna Bent El Houcine était une cheikha digne, modeste, fidèle à la tradition de l'Aïta et à celle des *cheikhate*, qui a toujours partagé généreusement, et n'a jamais rien gagné pour elle, nous laissant un répertoire riche et d'accès libre. *Cheikha* Koupass, Zroukia, Fatema Zehafa… Toutes ces femmes, tous ces noms continuent d'avoir un effet magique sur nos oreilles, nos cœurs, nos âmes…

Comment qualifierez-vous les réactions du public à votre égard ? Est-ce comparable aux discriminations que subissent les *cheikhate* ?

Les personnes qui viennent nous voir le font aussi pour rendre hommage à ces femmes. À force de répéter ce discours, on a tous créé une conscience collective basée sur le respect de l'autre, de son corps, de son orientation et de son avis.

Comment pouvez-vous qualifier ces femmes qui ont fait vivre l'Aïta durant des décennies ?

Ces femmes sont courageuses, indépendantes, fortes, orgueilleuses. Elles ne s'inclinent jamais. La question à poser plutôt, c'est : « Ont-elles des droits professionnels ? Nous soucions-nous correctement d'eux/d'elles ? » Pendant la période du covid, je me suis rendu compte que la réponse à ces questions est « NON ! ». Elles sont abandonnées à leur sort, ignorées, marginalisées, moquées, stigmatisées. C'est pour cette raison que plusieurs d'entre elles se tournent vers le chaâbi commercial, où la confusion des genres musicaux règne en maître.

Que pensez-vous de la polémique sur la *cheikha* suite à la diffusion du téléfilm *Mektoub* lors du dernier ramadan ?

La série *Mektoub* a divulgué à grande échelle dans quelle société patriarcale nous vivons, et à quel point toutes ces figures de femmes indépendantes sont combattues, moquées et rabaissées. Mais toutes les autorités (religieuse, politique…) qui essayent de s'en prendre à elles tomberont dans les oubliettes, parce que la *cheikha* est une figure qui a pu traverser les siècles sans fléchir.

Propos recueillis par Hicham Houdaïfa

Débits de boisson : Les *barmettate* de Casablanca

Hicham Houdaïfa

Été 2022. Dans les bars du royaume, l'activité a enfin repris, après une fermeture de presque deux ans. Pour la plus grande joie des clients, privés de boire une bière au comptoir depuis si longtemps, mais également du personnel qui a été sévèrement touché par cette longue période de crise sanitaire due au covid.

Les bars ont été fermés plus longtemps, plus même que les hammams, et de manière ininterrompue. Certes, les établissements qui avaient la licence bar et restaurant ont rouvert après le confinement, mais ils avaient l'obligation de servir à manger avant de servir la première consommation alcoolisée. Et gare à ceux qui enfreignaient cette loi : des amendes et des peines de fermeture de plusieurs mois ont été prononcées.

Pour les bars populaires de Casablanca, là où j'avais entrepris mon enquête fin 2014, il a fallu attendre mars 2022, deux ans après la décision de confinement, pour qu'ils rouvrent leurs portes. Entretemps, des milliers de *barmettate* et de serveuses se sont retrouvées, sans préavis aucun, privées de travail. Ce qui devait durer quelques jours a pris deux ans. Aujourd'hui encore, de nombreux établissements restent fermés. Le covid les a définitivement condamnés. Jamila, rencontrée lors de ma première enquête, puis à l'été 2022, témoigne : « Je n'étais pas déclarée à la CNSS. Je n'ai donc eu accès à aucune aide. Quand j'ai compris que l'ouverture des bars n'était pas pour demain, j'ai commencé à vendre des baghrir et des msemmen à la sortie du Marché central. Puis, j'ai proposé mes services pour du ménage à la journée. C'étaient des temps difficiles et toutes les filles essayaient de s'en sortir comme elles pouvaient. »

Depuis mars 2022, c'est le retour à la normale ou presque. Les bars ont récupéré leur personnel, femmes et hommes. J'ai retrouvé bon nombre de celles que j'avais rencontrées lors de mon premier reportage. Mêmes pratiques, mêmes discriminations : peu de *barmettate* déclarées à la CNSS, harcèlement sexuel de la part des clients et du personnel, insécurité… Mais il y a une autre discrimination, cette fois-ci institutionnelle, qui touche les femmes travaillant dans ce secteur et que je n'avais pas mentionné dans mon précédent texte. « Aucune femme ne peut travailler dans un bar si le tenancier n'obtient pas une autorisation de la part des services du débit de boissons à la Wilaya de la police, au fameux quatrième étage », nous explique le propriétaire d'un restaurant-bar du centre-ville de Casablanca. Il faut pour cela fournir les documents suivants : photocopie de la carte d'identité nationale (CIN), photos, fiche anthropométrique, fiche de célibat ou acte de mariage accompagné de l'autorisation du mari. « Le comble, c'est que ce service ne délivre aucun document, ni une carte pour ces femmes. Tout est informel. Tout en étant réellement inscrite, une femme qui travaille dans un bar peut toujours être arrêtée », précise-t-il. Cette procédure ne s'applique pas seulement aux barmaids, mais également aux serveuses, aux femmes de ménage, aux cuisinières, et même à une secrétaire employée dans un débit de boisson…

Entre 2015, l'année de publication du reportage sur les *barmettate,* et 2022, les conditions de travail de ces milliers de femmes exerçant dans les bars de Casablanca n'a pas du tout changé. Elle a même empiré. La republication de ce texte a pour objectif de faire part des souffrances de cette population invisibilisée par le statut particulier de l'alcool dans notre pays et oubliée par les associations de défense des droits humains…

***

À Casablanca, des milliers de femmes gagnent leur vie en travaillant comme barmaids, entraîneuses ou serveuses dans les nombreux bars populaires que compte la ville. La capitale économique est, avec Tanger, la capitale nationale des *hfari*, ces bouges enfumés que l'on trouve dans le centre historique, nichés dans des immeubles Art déco.

Le Cintra, le Don Quichotte, le Pied de Cochon, le Canada, Au Tout va bien… Tous ces bars ont des noms français, parce qu'il est officieusement interdit de donner un nom arabe à un établissement servant de l'alcool. Comme il est interdit, selon la loi, de servir des boissons alcoolisées à des clients musulmans. Boulevard Mohammed V, tout autour de Mers Sultan, dans l'ancien quartier des Italiens du Maârif ou encore dans les cabarets de la Corniche, la bière coule à flots. Et, comme partout au Maroc, leur clientèle est en écrasante majorité marocaine et musulmane.

Ces endroits enfumés, où la lumière est faible et le volume de la musique à peine supportable, et surtout où la consommation est à un prix défiant toute concurrence, attirent une clientèle bien particulière : des hommes qui viennent boire et se faire servir par des femmes. Des clients pour la plupart d'un certain âge, de condition modeste, frustrés par la vie, qui viennent pour les barmaids et les entraîneuses. C'est là qu'ils peuvent se retrouver face à une femme qui leur sert une consommation – le sourire en prime. Là, ils peuvent inviter cette femme à boire un verre pour établir la conversation, et parfois, s'ils ont plus d'argent, lui demander de passer la nuit avec eux.

Des barmaids et des capsules...

Barmaids et entraîneuses n'ont pas le même statut. Les plus privilégiées sont celles qui servent derrière le comptoir. L'expérience aidant, elles sont pour ainsi dire l'attraction du bar. Elles sont payées, pour la plupart, autour du Smig, pour des horaires de travail extensibles : de 10 heures à 19 heures ou de 19 heures à 3 heures du matin. Elles perçoivent également une somme pour chaque bière consommée – bière qui lui est bien évidemment offerte par le client. C'est le cas de Jamila[1] qui travaille derrière le comptoir de ce bar du Maârif depuis plus de vingt ans. « Pour chaque Heineken, le patron me donne cinq dirhams », explique-t-elle.

Les serveuses, qui font aussi office d'entraîneuses, sont moins bien loties. Elles perçoivent une somme fixe qui varie selon les bars entre 40 et 70 dirhams par jour travaillé et sont indemnisées à la capsule. Comme Houda, mère célibataire de dix-neuf ans, qui travaille dans un cabaret du boulevard Lalla Yacout, pas loin du quartier marchand de Derb Omar. « J'ai un enfant de deux ans et ma famille à Taounate

1. Tous les prénoms ont été modifiés.

ne veut plus entendre parler de moi. C'est ce métier qui me permet de faire grandir mon enfant », explique-t-elle.

Tout au bas de l'échelle, les entraîneuses indépendantes. Elles sont des milliers. Elles ne sont payées qu'à la consommation : elles doivent donc faire boire au maximum les clients. Elles dépendent totalement du bon vouloir du patron et du gérant. Hanane est l'entraîneuse fétiche de ce bar situé près du boulevard Lahrizi où l'on boit et l'on fume la chicha tout en regardant défiler sur Rotana les clips des stars libanaises : « Je me suis fait avoir, lâche-t-elle, amère. Maintenant je me saoule tous les soirs pour oublier. »

Au Maroc, les barmaids ont toutes le même profil : celui de femmes obligées d'exercer ce métier. Alors qu'ailleurs, il s'agit d'étudiantes à la recherche d'argent de poche, de diplômées d'écoles de restauration, de personnes entre deux emplois… ici, les barmaids sont en général des mères célibataires rejetées par leurs familles. « On ne choisit pas le métier de barmaid. On le devient, tout simplement », souligne Jamila. Elles vivent dans des quartiers où elles peuvent passer inaperçues, où elles ne sont obligées de révéler leur identité, d'avoir à fournir des papiers. L'ancienne médina, Sid Khadir, l'Oulfa ou encore Derb Ghallef sont leurs refuges. Houda partage un appartement avec trois autres mères célibataires à Sid Khadir : « J'ai choisi de vivre cachée, loin des regards inquisiteurs, parce que je souhaite que mon fils grandisse en paix. »

Au Maroc, la frontière entre le métier de barmaid et la prostitution est souvent poreuse. « De toute façon, quand tu travailles dans un bar ou un cabaret, tout le monde te considère comme une prostituée », résume Houda. Ces femmes subissent de multiples formes d'exploitation et de discrimination. D'abord une discrimination sociale, puisqu'elles sont perçues comme des débauchées, voire des prostituées. Elles doivent donc toujours faire attention à leur tenue vestimentaire, en sortant et en rentrant dans le quartier où elles résident. Jellaba, foulard… elles se font les plus discrètes possible pour sauver les apparences. Précarité sociale ensuite. Mis à part quelques barmaids confirmées, la majorité des travailleuses de la nuit, qu'elles soient barmaids ou entraîneuses, ne sont pas déclarées à la CNSS et n'ont aucune forme d'assurance maladie alors qu'elles exercent un métier pénible. Elles ne peuvent pas se constituer en syndicat et sont les grandes oubliées des combats des associations féministes. De plus, elles ne sont pas à l'abri des arrestations. « Un bar se doit de bien rétribuer les policiers qui font les rondes de nuit ainsi que l'officier supérieur en charge. Sinon, l'estafette va tout simplement se poster en face de la brasserie, arrêter clients et entraîneuses et ruiner la réputation de l'établissement », explique ce gérant d'un bar du centre-ville, obligé d'entretenir des relations étroites avec la police afin de protéger le lieu et la clientèle. Elles doivent aussi endurer un harcèlement, quand ce n'est pas une exploitation sexuelle de la part des tenanciers et des gérants des bars. Enfin, impossible de travailler dans ce secteur sans consommer de l'alcool : « La première chose que le patron veut savoir, c'est si l'on boit ou pas. Une réponse négative est synonyme de refus d'embauche », explique Jamila. Dans les bouges de Casablanca, le seul critère qui fait qu'une barmaid est appréciée, c'est le volume d'alcool qu'elle fait ingurgiter à sa clientèle. Pousser le client à boire, le maximum. C'est son unique mission. Et tout est mis en scène en vue de cet objectif : lumière, musique et bien sûr les atouts physiques de la barmaid ou de l'entraîneuse.

Jamila est originaire de l'Oriental. Elle vit à Casablanca depuis plus de 25 ans. Elle a laissé son enfant chez sa mère, « afin qu'il grandisse loin de ce que peuvent dire les gens », explique-t-elle. Si, aujourd'hui, son fils fait des études supérieures à l'Université d'Oujda, si elle a pu subvenir à ses besoins et ceux de sa mère, c'est grâce à son travail de *barmetta.* Aujourd'hui, bien installée derrière le comptoir de ce bar respectable du Maârif, elle songe à toutes ces années passées loin des siens, à batailler pour ramasser de l'argent pour le petit Hicham. « J'ai travaillé dans bon nombre d'établissements et côtoyé des milliers de barmaids et d'entraîneuses. C'est un métier où l'on finit mal. L'alcool, la cigarette et le travail jusqu'au petit matin, c'est un cocktail explosif qui finit par vous avoir. Les filles sont conscientes que l'on ne fait pas de vieux os dans ce métier », explique Jamila. Certes, les *graydiyate*, les fameuses matrones « gradées », des professionnelles de la nuit, à l'œuvre surtout dans les cabarets, savent se faire une bonne somme d'argent au petit matin. « Il y a bien sûr les spécialistes, des sans-cœurs qui ont l'œil et qui te plument le client, le font boire un maximum et payer le triple de ce qu'il a vraiment consommé. Ce sont des barmaids aguerries, qui se servent de leurs alliés pour parer à toute éventualité : elles sont de mèche avec la police, se font aider par les videurs. » Mais la grande majorité des barmaids et entraîneuses, elle, subit la nuit et ses dangers. Jamila a travaillé pendant des années dans les cabarets pourris du centre-ville de Casablanca. Des lieux où tout est fait pour dépouiller le client sans qu'il ne se rende compte de l'arnaque. « Le cabaret populaire, c'est un monde à part, avec une clientèle spéciale : des dealers, des gens louches qui viennent dépenser un argent gagné facilement… Dans ce milieu, il ne faut surtout pas avoir de sentiments. Il faut faire attention en permanence, et ne faire confiance à personne. » Jamila a fini par quitter cet univers pour s'installer dans un bar plus calme avec une clientèle beaucoup plus rangée. « Le propriétaire vient de la même région que moi. Je lui ai parlé de mon fils et de ma volonté de travailler réglo. Il m'a recrutée et depuis je travaille derrière le comptoir pour un salaire convenable, sans compter le pourboire des clients. »

Jamila a eu de la chance, par rapport à d'autres femmes qu'elle a côtoyées lors de sa longue carrière de barmaid. Par rapport aux entraîneuses victimes de viol collectif, à celles qui sont tombées gravement malades et ont été abandonnées par les leurs et par leurs employeurs. D'autres, encore, ont même été retrouvées mortes dans des conditions mystérieuses. « Le plus dur, c'est quand tes propres enfants te condamnent. Ma copine Aïcha a tout fait pour que son fils puisse avoir la scolarité dont elle avait été privée. Elle s'est battue toute seule puisque le géniteur s'était défilé. Son fils, devenu adolescent, a commencé à lui en vouloir, à l'insulter pour le boulot qu'elle faisait. Elle a fini par se suicider. Elle n'avait pas 35 ans. »

Presque toutes des mères seules...

Houda, elle, n'a pas encore vingt ans, mais a déjà l'air usé. Dans le cabaret « hard » où elle est entraîneuse, elle doit consommer au minimum vingt bières, faute de quoi elle n'est pas payée pour l'ensemble de ses consommations. « Il m'arrive de ne pas atteindre le compte même si en général je bois bien plus que vingt bières chaque soir », explique-t-elle. « Le patron me donne cinq dirhams pour chaque capsule rendue – une Heineken, bien sûr, qu'il facture au client au double de son prix. » Ce qu'elle gagne lui suffit à peine : « Je dois payer pour la *mourabbiya* qui garde mon enfant à la maison, les couches, le lait ainsi que le loyer. Je ne parle même pas de mes besoins personnels. » Houda habite au nord du quartier Hay Hassani et partage un appartement avec trois autres mères célibataires. Toutes travaillent la nuit et passent la journée avec leurs enfants. Originaire du Rif, elle est tombée enceinte d'un garçon qu'elle ne connaissait pas vraiment et a dû fuir pour échapper à l'opprobre. « Mon père et mes frères m'auraient tuée s'ils l'avaient su. J'ai pris le premier bus, destination Casablanca. » Comme des milliers d'autres jeunes femmes dans sa situation, elle a atterri à la gare routière Oulad Ziane. Autant dire l'enfer ! « La gare d'Oulad Ziane est un véritable terrain d'action pour tous types de réseaux. On y vient traquer des filles fugueuses afin de les embrigader dans les réseaux de prostitution, des mères célibataires afin de les débarrasser du bébé, qui est revendu ensuite à d'autres couples ou intégré dans les réseaux de la mendicité », explique Saïda Bajjou, assistante sociale et militante associative, qui travaille depuis de nombreuses années pour la cause des mères célibataires. La première semaine, Houda a eu du mal à trouver refuge à Casablanca. Puis elle a eu la chance de rencontrer une assistante sociale qui l'a orientée vers une structure d'accueil. « Grâce à l'association, j'ai pu mettre au monde mon enfant sans être inquiétée par la police ou la justice. Ils m'ont accompagnée pour les procédures administratives. Mais ensuite, il fallait libérer la place pour d'autres filles qui en avaient plus besoin, et je n'ai pas pu rester là-bas plus longtemps », raconte Houda. « Le problème des mères célibataires est complexe. Peu d'associations travaillent sur ce sujet. Et puis l'approche des associations se limite à un accompagnement social qui ne dure pas plus de six mois. Ces femmes devraient être également accompagnées psychologiquement, afin de dépasser le traumatisme d'une grossesse non désirée et de faire face à l'avenir. Il leur faut également un accompagnement économique pour qu'elles ne tombent pas dans la mendicité ou la prostitution. L'État doit prendre en charge cette problématique qui concerne, quand même, des centaines de milliers de femmes. En concevant par exemple des activités génératrices d'emplois, en sensibilisant les employeurs afin de recruter ces femmes en détresse, qu'elles soient mères célibataires, veuves ou divorcées », plaide Saïda Bajou. Livrée à elle-même avec un bébé à charge dans une ville où elle ne connaissait personne, Houda a dû trouver du travail, une activité qui lui permette de vivre et de faire vivre son petit garçon. « C'est une amie qui m'a dit d'essayer les bars. Je suis sortie un soir et le patron du bar m'a repérée. Il m'a tout de suite proposé de travailler pour lui en tant que serveuse/entraîneuse. J'ai accepté, même s'il m'a bien précisé que je ne serais payée que les soirées où je travaillerais. » Deux ans plus tard, Houda est l'ombre de l'adolescente qu'elle était quand elle a débarqué à Casablanca. « Il m'arrive de consommer une trentaine, voire une quarantaine de bières par soirée. Je ne le fais pas de gaieté de cœur. C'est le seul moyen de subvenir aux besoins de mon petit. »

Hanane, elle, vit avec sa mère dans l'ancienne médina. Elle n'est pas barmaid mais travaille quand même dans un bar comme entraîneuse. Elle a trois personnes à charge : sa mère et ses deux neveux orphelins laissés par son frère. « Je dois faire face à une clientèle en général irrespectueuse. Les poivrots n'hésitent jamais à mettre la main là où il ne faut pas, mais ils se sentent insultés quand on les remet à leur place. » Elle est uniquement payée à la consommation, ces fameuses capsules qui valent cinq dirhams l'unité. « Évidemment, ce ne sont pas les capsules qui vont nous faire vivre. J'ai mes clients, des personnes de confiance, avec qui je peux boire et passer la nuit en toute sécurité », raconte-t-elle. C'est qu'il ne faut surtout pas se tromper de client : dans ce registre, les histoires sordides sont nombreuses, où barmaids et autres entraîneuses se retrouvent face à plusieurs hommes dans le même appartement alors qu'elle venait passer la nuit avec leur client. Victimes de viols collectifs, elles se taisent. « Une de mes amies qui est allée au commissariat pour porter plainte a été arrêtée. Elle a été poursuivie pour débauche et a passé du temps en prison », raconte Hanane.

Elle n'a pas trente ans mais n'a plus espoir en quoi que ce soit. Elle évoque le cas de Loubna, cette entraîneuse qui a rencontré un gentil garçon qui a bien voulu d'elle, un *ould ennass lli starha*. Mais, soupire-t-elle, « c'est comme gagner au loto. On a une chance sur un million de décrocher le jackpot. En général, les entraîneuses se contentent d'un amant qui peut leur offrir, quand toutes les portes se ferment, un gîte où passer la nuit ». Hanane a peur de l'avenir. Une fois vieille, on n'a plus la côte dans ce domaine. « Même le plus laid des poivrots ne voudra plus de toi. »

C'est le cas de Touria qui squatte un bar PMU du côté de l'avenue 11 janvier. Elle tient compagnie aux fous de chevaux, leur propose des mises et se fait inviter par les clients qui l'aiment bien. Parfois, elle rencontre un client qui l'a connue quand elle était encore Touria chahba, la belle barmaid blonde au succès indéniable. Touria est devenue une *tallaba dial bar*. Une ancienne entraîneuse qui hante les lieux de ses succès passés…

Paru dans *Dos de femme, dos de mulet : les oubliées du Maroc profond*
(En toutes lettres, collection Enquêtes, 2015)

Une précarité structurellement féminine : Entretien avec Zoubida Reghay

Propos recueillis par Hicham Houdaïfa

Comment décririez-vous, de manière générale, l'emploi au féminin au Maroc ?

Le Maroc a enregistré, durant les deux dernières décennies, des avancées remarquables en matière de promotion des droits des femmes. Toutefois, ces dernières continuent à souffrir de discriminations et de violations de leurs droits, aussi bien au niveau de la législation que des pratiques sociales, dans tous les domaines, dont celui de l'emploi. Ces discriminations et ces violations ont des conséquences négatives et empêchent les femmes de jouir de droits qui leur sont pourtant reconnus juridiquement. La féminisation de la pauvreté et de l'exclusion sous toutes ses formes empêche les femmes de prendre part au dynamisme social national. Cela prive l'ensemble de la société de la moitié de ses compétences et de ses capacités, puisque les femmes représentent 50,3 %[1] de la population. L'intégration effective des femmes dans la vie active rencontre encore des obstacles qui limitent l'égalité entre les hommes et les femmes : discrimination à l'embauche, absence ou ségrégation indirecte[2] en matière de protection sociale, accès limité au crédit, accès déficient à des formations professionnelles de qualité, inégalité salariale, etc.

Selon le Conseil national des droits de l'Homme (CNDH), le fort déséquilibre entre la participation des femmes et celle des hommes à la vie active affecte considérablement le taux d'activité global au Maroc, qui compte ainsi parmi les plus bas du monde : 44,2 % en 2021 contre 46,4 % en 2016 et 54,5 % en 1999. Cette diminution s'explique, entre autres, par celle du taux d'activité des femmes. Le Haut-commissariat au plan (HCP) affirme pour sa part que le taux d'activité des femmes a diminué de 30,4 % en 1999 à 23,6 % en 2016, puis de 21 % en 2019 à 19,9 % en 2020, contre respectivement 79,3 %, 70,8 %, 71 % et 70,4 % chez les hommes. Ainsi, le taux d'activité des femmes est plus de 3 fois inférieur à celui des hommes et moins d'un quart des femmes seulement sont actives sur le marché du travail.

---

1. HCP, *Note d'information à l'occasion de la journée internationale des femmes,* 8 mars 2021. Disponible sur https://www.hcp.ma/Note-d-information-du-Haut-Commissariat-au-Plan-a-l-occasion-de-la-journee-internationale-des-femmes-du-8-mars-2021_a2670.html#:~:text=En%202020%2C%20les%20femmes%20repr%C3%A9sentent,sont%20dirig%C3%A9s%20par%20des%20femmes (consulté le 17 octobre 2022).
2. Association démocratique des femmes du Maroc (ADFM), *Genre et droit à la sécurité sociale au Maroc,* 2016, p. 25 : « Moins représentées dans l'économie formelle, les femmes ne peuvent pas cotiser autant que les hommes à des régimes d'assurance sociale. Lorsqu'elles perçoivent une pension dans un tel régime, elle est calculée de la même façon que celle des hommes, c'est-à-dire en fonction du salaire et de la durée de cotisation. L'inégalité de traitement entre hommes et femmes naît du fait que les femmes occupent souvent des postes moins bien rémunérés que ceux occupés par les hommes, sont susceptibles d'avoir des périodes de cotisation plus courtes, soit parce qu'elles interrompent leur carrière pour s'occuper de leurs enfants ou prendre soin d'autres personnes, ou parce qu'elles sont encouragées à quitter le marché du travail plus tôt que les hommes. »

Comment expliquez-vous le déséquilibre entre la participation des femmes et des hommes à la vie active au Maroc ?

Selon le HCP[3], en 2021, le taux d'activité[4] des femmes est très faible en comparaison de celui des hommes : 19,4 % contre 69,9 % chez les hommes à l'échelle nationale. Dans le détail, le taux d'activité des femmes est de 17,9 % en milieu urbain et 22,4 % en milieu rural contre respectivement 66,7 % et 75,6 % chez les hommes. Même constat pour le taux d'emploi[5] qui est de 16 % au niveau national (13,3 % en milieu urbain et 21,4 % en milieu rural) contre 62,6 % chez les hommes (57, 4% en milieu urbain et 72,1 % en milieu rural).

Ces grands écarts entre les sexes en termes de taux d'activité et de taux d'emploi trouvent leur origine dans les relations complexes entre les contraintes socio-économiques, le conformisme traditionnel et les transformations sociétales, qui influent sur les choix personnels. D'une part, les écarts et les différences d'orientation entre les sexes, au niveau de la scolarisation et des études, se font en défaveur des femmes et ont des conséquences sur le niveau de qualification et de compétence des hommes et des femmes, puis sur la chance des un.e.s et des autres de décrocher un emploi et de viser un poste qualifié. D'autre part, en cas de mise en couple, la probabilité qu'une femme travaille reste minime par rapport à celle qu'un homme travaille, malgré les changements sociétaux en faveur de l'égalité entre les sexes. Le manque de structures de garde d'enfants ou de personnes âgées ou malades et la cherté de leurs prestations poussent les femmes

3. https://www.hcp.ma/downloads/?tag=Education+et+formation (consulté le 5 octobre 2022).
4. Selon le HCP, le taux d'activité indique « la part de la population qui participe ou cherche à participer à la production de biens et services dans la population totale du pays ». Cf. *La femme marocaine en chiffres, 20 ans de progrès,* p. 149.
5. Selon le HCP, le taux d'emploi exprime « la part de la population active occupée dans une population donnée ». *Ibid.*, p. 67.

à renoncer à un travail rémunéré pour s'occuper de l'éducation des enfants et du soin des personnes âgées ou malades de la famille.

Par ailleurs, le sous-emploi et l'emploi vulnérable se sont féminisés. Quand la famille est pauvre, ce sont les filles et les femmes qui se sacrifient et acceptent un emploi vulnérable et indécent, rémunéré ou non, dans le cadre d'une affaire familiale, que ce soit en milieu rural ou urbain. Ces pratiques trouvent leur origine et leur légitimation dans le système de valeurs socioculturel qui régit les rôles sociaux de chaque sexe.

Enfin, malgré l'évolution des mentalités sur la question de l'égalité hommes/femmes, le conformisme traditionnel continue de peser sur la répartition sociale des rôles des hommes et des femmes, et entrave les efforts de ces dernières par rapport à leurs homologues masculins. Ceci affecte négativement les possibilités de promotion professionnelle des femmes surtout aux postes à responsabilités.

Quels sont les secteurs d'activités où l'on trouve plus de femmes et comment qualifieriez-vous ces emplois ?

L'emploi féminin est condensé d'abord dans l'agriculture et la gestion des espaces naturels, puis dans le secteur des services, et enfin dans l'industrie, avec des taux respectifs de 60,4 %, 27,9 % et 11,3 %[6].

Les femmes rurales se concentrent majoritairement dans l'agriculture et les activités liées à la forêt et la pêche, soient 93,2 %[7].

6. CESE, Rapport du Conseil économique, social et environnemental, *Les dimensions sociales de l'égalité entre les femmes et les hommes : constats et recommandation,* Auto-Saisine, n°24, 2016, p. 60.

7. *Idib.*

Dans ces domaines agricoles, halieutiques ou forestiers, 75,4 % sont ouvrières ou manœuvres alors que les exploitantes sont minoritaires, avec 17,8 %.

En milieu urbain, l'emploi féminin est principalement absorbé par le secteur des services, soit 69,8 %[8], où environ 45 % des femmes exercent en tant qu'artisanes ou manœuvres dans les petits métiers, et près de 40 % sont employées ou cadres moyens.

Selon une étude du Conseil économique, social et environnemental (CESE), les secteurs les plus féminisés sont ceux où les conditions de travail sont les plus difficiles et où elles sont les plus vulnérables : agriculture, travail domestique, textile/habillement… l'économie informelle en général. D'après la même source, l'emploi féminin, quel que soit le milieu de résidence, est fortement caractérisé par « la pénibilité générale des conditions de travail et de transport des femmes, aussi bien dans le secteur agricole que dans de nombreuses activités industrielles et des services (caissières, agents d'entretien, ouvrières, aides familiales). »[9]

Quel est le taux des femmes dans l'informel et pourquoi, selon vous, trouve-t-on autant de femmes dans ce genre d'acticités ?

On qualifie d'informel un secteur ou une activité non encadrée par un contrat de travail, où les heures travaillées dépassent le nombre légal, où les conditions de travail ne sont pas conformes à la loi, où les salaires sont bas, où les heures supplémentaires ne sont pas comptabilisées, où les droits sociaux tels que la protection sociale sont bafoués, etc.

---

8. *Idib.*

9. *Ibid.*, p. 59.

Selon le CESE[10], des études nationales et internationales sur le Maroc estiment que le secteur informel absorbe entre 60 % à 80 % de la population active occupée. Il mentionne en gras dans son rapport que, parmi les pratiques courantes de l'informel en milieu rural, figurent l'absence de contrat, « la longueur des horaires de travail, la faiblesse ou l'absence d'équipement de protection individuelle, l'inapplication des *minima* salariaux et la non rémunération des heures supplémentaires, le défaut de déclaration ou la sous-déclaration à la sécurité sociale, l'absence d'assurance contre les accidents du travail, les harcèlements sexuels »[11]. Et il énumère les raisons de la persistance de l'informel au Maroc : « (1) le niveau de qualification insuffisant qui exclut de nombreux actifs de l'économie formelle, (2) la faiblesse des opportunités d'emploi en milieu rural, (3) les problèmes de représentation des opérateurs informels et les lacunes en matière d'organisation des métiers qui entravent leur modernisation et leur formalisation, (4) la faiblesse du caractère inclusif du système de protection sociale et la politique du moins d'État dans certains services publics sociaux qui poussent les acteurs informels à questionner l'intérêt de migrer vers le statut formel, (5) la persistance d'entraves réglementaires à la formalisation, (6) les difficultés d'accès au financement, au marché et au foncier adaptés, ainsi qu'à l'appui et l'accompagnement non financier adéquat vers la formalisation, mais également (7) l'effectivité limitée de la loi et l'emprise de la corruption… »[12]

10. CESE, *Une approche intégrée pour résorber l'économie informelle au Maroc*, 2021, p. 7. Disponible sur https://www.cese.ma/media/2021/12/Avis-economie-informelle-VF.pdf (consulté le 17 octobre 2022).

11. CESE, *Les dimensions sociales de l'égalité entre les femmes et les hommes : constats et recommandations*, 2016, p. 28. Disponible sur https://www.cese.ma/media/2020/10/Rapport-Les-dimensions-sociales-de-l%E2%80%99%C3%A9galit%C3%A9-entre-les-femmes-et-les-hommes.pdf (consulté le 17 octobre 2022).

12. CESE, *Une approche intégrée pour résorber l'économie informelle au Maroc*, *op. cit.*, p. 7.

C'est donc dans l'informel que se concentrent les femmes et les pauvres. En effet, comme celles-ci ont moins de chances que les hommes de décrocher un emploi formel, ce sont elles qui se trouvent obligées d'accepter le travail informel. « Les femmes demeurent surreprésentées dans les secteurs où l'emploi est précaire et les conditions de travail les plus difficiles », relève le CESE[13].

À cause de ce caractère informel, il est difficile de trouver des statistiques sur les effectifs. Selon le CESE, « les femmes ayant un emploi informel sont plus polarisées autour des activités de survie (travail à domicile, aide familiale, etc.), alors qu'elles demeurent très faiblement présentes en tant que chef d'UPI »[14]. En fait, elles se concentrent plus « dans le textile et la confection que dans les secteurs de l'agriculture, du BTP, des transports, de l'agro-industrie, de l'intérim et des services de surveillance, de restauration et de nettoiement »[15].

Est-ce que les femmes ont autant de chances que les hommes de bénéficier de leurs droits sociaux, notamment de la couverture sociale ?

Le Maroc, comme partout, connaît de profondes transformations démographiques et socio-économiques qui imposent à tous les acteurs ayant la responsabilité de traduire les normes et les dispositions en politiques et en actions publiques de rompre avec l'esprit de neutralité de genre qui occulte les spécificités des hommes et des femmes. En effet, les statistiques font apparaître clairement ces spécificités et

13. CESE, *Les dimensions sociales de l'égalité entre les femmes et les hommes*, *op. cit.* p. 26.

14. Les UPI sont des unités de production informelles. CESE, *Une approche intégrée pour résorber l'économie informelle au Maroc*, *op. cit.*, p. 15.

15. CESE, *Les dimensions sociales de l'égalité entre les femmes et les hommes*, *op. cit.* p. 73.

on ne peut plus ignorer que les femmes bénéficient moins que les hommes des résultats des actions de l'État, notamment en matière de droits sociaux et économiques, d'éducation, de formation, de santé, d'emploi, de protection sociale, etc.

Dans le classement 2021 du Global Gender Gab, le Maroc est classé au 144ème rang sur 156 pays indexés et au 12ème dans la région MENA, alors qu'en 2014 il figurait au 132ème rang.

Le ministère de l'Emploi et des Affaires sociales a réalisé en 2014 une étude sur l'amélioration de la connaissance selon le genre du système de protection sociale au Maroc.[16] Cette étude avait pour objectif, d'une part, d'identifier selon le genre les discriminations et dysfonctionnements en matière de couverture sociale et médicale dans le secteur privé et, d'autre part, de proposer des mesures pour corriger les lois et les réglementations relatives à la lutte contre les discriminations de genre dans le système de la protection sociale. Elle a détecté des inégalités des chances entre les hommes et les femmes en matière de couverture sociale, telles que « l'importance de la population féminine inactive, l'ampleur du travail non salarié et du secteur informel qui échappent à la couverture sociale et l'importance de l'effectif des femmes en situation précaire (occupées dans des activités à faible qualification et à valorisation réduite) »[17]. Cependant, elle estimait qu'il y avait une « absence de ségrégation directe selon le genre en matière de protection sociale » : « En effet, les textes législatifs prévoient une égalité des droits entre les hommes et les femmes. »[18] Cette déclaration est discutable.

16. Ministère de l'Économie et des Finances, *Rapport sur le budget axé sur les résultats tenant compte de l'aspect Genre*, 2017, p. 159.
17. *Ibid.*
18. *Ibid.*

Selon le CNDH, en effet, les régimes de sécurité sociale sont discriminatoires, directement et indirectement, à l'encontre des femmes. Ils le sont d'abord indirectement, de par leur modèle de gestion axé sur le salariat formel, qui est évidemment dominé quantitativement par les hommes : ces régimes excluent donc du champ de la protection sociale une grande partie de la population active dans les secteurs non protégés, notamment les femmes. La discrimination est aussi directe, puisque « ces régimes sont fondés sur le postulat que toutes les femmes ont des époux pour les entretenir »[19].

De plus, l'étude *Genre et droit à la sécurité sociale au Maroc*, réalisée en 2016 par l'Association démocratique des femmes du Maroc (ADFM), a montré que, même si les femmes cotisent autant que les hommes, elles ne bénéficient pas de toutes les prestations de la protection sociale dont eux bénéficient. Cette étude a fait ressortir plusieurs inégalités de genre, directes et indirectes. Parmi les inégalités directes, l'étude mentionne que « l'article 35 du régime des pensions civiles, relatif à la réversion de la pension aux orphelins, ne concerne que les orphelins d'un père fonctionnaire, tandis que les orphelins d'une mère fonctionnaire sont traités dans le cadre de l'article 36 de la section III, intitulée « cas particuliers ». Sachant que la fonction publique est de plus en plus féminisée et que les orphelins d'un fonctionnaire homme et femme jouissent des mêmes droits, il aurait été plus approprié de les traiter dans le cadre du même article, et non pas en tant que "cas particuliers" »[20]. Par ailleurs, l'étude indique que « les enfants sont rattachés d'office au

19. CNDH, État de l'égalité et la parité au Maroc, préserver et rendre effectifs les finalités et objectifs constitutionnels, 2014, p. 43. Disponible sur https://cndh.ma/fr/rapports-thematiques/etat-de-legalite-et-de-la-parite-au-maroc-preserver-et-rendre-effectifs-les et sur http://www.cndh.ma/sites/default/files/cndh_-_etat_egalite_final22.pdf (consultés le 17 octobre 2022).

20. ADFM, *Genre et droit à la sécurité sociale au Maroc*, *op. cit.*, p. 10.

régime du père et sont privés de la couverture lorsqu'il en est lui-même exclu. Lorsque seule la mère est assurée, elle ne peut rattacher ses enfants à sa propre couverture que si elle en a la garde (en cas de divorce) et/ou si son mari n'est pas soumis à l'obligation de s'assurer. Si les deux conjoints sont assujettis à l'AMO, chacun d'eux relève obligatoirement de l'organisme de son employeur et les enfants sont rattachés à la couverture du père, même lorsque son régime est moins favorable »[21]. Quant aux inégalités de genre indirectes, l'étude explique que, « moins représentées dans l'économie formelle, les femmes ne peuvent pas cotiser autant que les hommes à des régimes d'assurance sociale. Lorsqu'elles perçoivent une pension dans un tel régime, elle est calculée de la même façon que celle des hommes, c'est-à-dire en fonction du salaire et de la durée de cotisation. L'inégalité de traitement entre hommes et femmes naît du fait que les femmes occupent souvent des postes moins bien rémunérés que ceux occupés par les hommes, sont susceptibles d'avoir des périodes de cotisation plus courtes, soit parce qu'elles interrompent leur carrière pour s'occuper de leurs enfants ou prendre soin d'autres personnes, soit parce qu'elles sont encouragées à quitter le marché du travail plus tôt que les hommes »[22].

Dans quels secteurs les discriminations envers les femmes, en termes de droits sociaux, sont-elles les plus importantes ?

Depuis les deux dernières décennies, les femmes sont de plus en plus présentes sur le marché du travail, sauf qu'une grande majorité

21. ADFM, *Genre et droit à la sécurité sociale au Maroc*, *op. cit.*, p. 11. Ces faits sont prévus par la loi 65.00, article 6.
22. *Ibid.* p. 25.

d'entre elles se trouve reléguée dans les secteurs informels, invisibles[23], ou dans des emplois précaires dans certains secteurs, avec toutes les violations du droit du travail déjà évoquées.

Il est important de souligner aussi d'autres formes de discriminations que subissent les femmes salariées en général. De par leurs engagements familiaux, les femmes salariées, quel que soit leur statut professionnel et le secteur d'activité, sont moins flexibles que les hommes en termes de dépassement des horaires de travail, ce qui entrave leur carrière en termes de promotion et d'accès à certains postes à responsabilités.

Quelle est la situation des femmes dans le secteur agricole, où elles représentent une part importante de la force active ? Et quelle y est la part du travail non rémunéré ?

Le ministère de l'Économie et des Finances note que, « dans le milieu rural, la part de l'agriculture dans l'emploi féminin est prépondérante et très stable dans le temps, avoisinant près de 93 %. Par contre, la part de l'agriculture dans l'emploi rural des hommes affiche une baisse, passant de 75 % en 1999 à 62 % en 2019 »[24]. Selon le Centre de l'excellence pour la budgétisation sensible au genre (CE-BSG),

23. Parmi les secteurs dits *invisibles*, les tâches ménagères, le travail ménager rémunéré, l'assistance des personnes âgées et malades de la famille, le travail dans les plantations familiales, le travail dans les petites entreprises familiales, etc. En effet, « la décomposition de l'emploi par sexe et par statut professionnel indique que 33 % des femmes marocaines actives occupées en 2019 sont des aides familiales et apprenties et 41 % d'entre elles sont des salariées et près de 15 % occupent le statut d'indépendantes. Quant aux hommes actifs occupés, ils sont pour moitié (53 %) des salariés et 40 % sont des indépendants ». Cf. ministère de l'Économie, des Finances et de la réforme de l'Administration, *Coûts économiques des inégalités de genre dans le marché du travail au Maroc*, février 2021. Disponible sur https://cebsg.finances.gov.ma/uploads/fichiers/Rapport-cout-economique_12-03-2021_08-48.pdf (consulté le 17 octobre 2022).

24. Ministère de l'Économie, des Finances et de la réforme de l'Administration, *Coûts économiques des inégalités de genre dans le marché du travail au Maroc, op. cit.*, p. 21.

relevant du même ministère[25], comme les femmes actives occupées en milieu rural représentent 62 %, contre 37 % en milieu urbain, et qu'elles sont peu qualifiées – les non diplômées sont 89,8 % parmi les rurales contre 33,2 % parmi les urbaines – ces femmes n'ont, de par leur profil, pas d'autre choix que de se concentrer dans des emplois précaires. Les femmes rurales sont plus présentes dans le secteur de l'agriculture, de la forêt et de la pêche, qui représente 46,9 % de l'emploi national mais 90,7 % de l'emploi féminin rural[26].

Quant aux conditions du travail rémunéré des femmes dans le secteur agricole, voici les résultats de mon étude[27] sur les conditions de travail des ouvrières de la filière des fraises au Maroc. Le choix de cette filière est justifié par le fait que le secteur de la culture des fraises au Maroc est en pleine expansion depuis les années 1990 et représente un marché d'emploi fortement féminisé : les ouvrières, venues notamment du Gharb et du Loukkos, représentent plus de 75 % de la main d'œuvre qui travaille dans les exploitations. J'ai décrit leurs conditions de travail, tout en m'interrogeant sur leur niveau de jouissance de leurs droits et sur les changements induits dans les rapports qu'elles entretiennent avec leur famille et leur communauté.

Cela a fait ressortir les différents types de violations en matière de droit du travail ainsi que les violences et les discriminations que

25. Centre de l'excellence pour la budgétisation sensible au genre (CE-BSG) du ministère de l'Économie et des Finances, *Fascicule sectoriel 5, la budgétisation sensible au genre dans le secteur de l'agriculture au Maroc*, 2019, p. 23. Disponible sur https://cebsg.finances.gov.ma/uploads/fichiers/Fascicule-sectoriel-5---la-budg+%C2%AEtisation-sensible-au-genre-dans-le-secteur-de-l%27agriculture_22-01-2020_09-19.pdf (consulté le 17 octobre 2022).

26. *Ibid.*, p. 24.

27. Étude réalisée dans le cadre d'une thèse de doctorat sur « Féminisme associatif et conditions de travail des ouvrières agricoles au Maroc, cas des ouvrières agricoles des fraises », 2019. Disponible sur https://doi.org/10.48375/IMIST.PRSM/remses-v3i3.13117 (consulté le 6 octobre 2022).

subissent les ouvrières. Les méthodes d'embauche et de recrutement sont « segmentaires »[28] et humiliantes, les salaires bas, le contrat et la protection sociale inexistants, de même que les conditions élémentaires d'hygiène. Le nombre d'heures travaillées ne respecte pas la durée légale et il n'y a pas de repos hebdomadaire. La relation avec l'employeur est informalisée à cause du *wakkaf*[29], le transport se fait dans des conditions pénibles et il n'y a presque pas de représentation syndicale. En matière de violences et de discriminations, on peut dénoncer l'exploitation physique, vu le nombre d'heures travaillées, surtout en position courbée, et les violences sexuelles subies de la part des collègues, superviseurs, transporteurs et voisins. D'autres violences et discriminations résultent des relations de pouvoir entre les ouvrières et leur employeur, leur superviseur, le *wakkaf* et le transporteur. Sans oublier la stigmatisation sociale que subissent ces ouvrières à cause de la nature de leur travail.

Certes, l'expansion de la culture des fraises dans la région du Gharb et du Loukkos contribue à la création d'emplois pour les femmes de la région. Travailler dans ces exploitations aide chacune d'elles à obtenir un revenu pour elle et à augmenter les revenus de sa famille. Mais, au vu de leurs conditions de travail et de plusieurs aspects de leur vie communautaire, je tire les conclusions suivantes :

- Leur niveau de vie n'est pas amélioré, en raison, entre autres, de leur salaire bas, des horaires de travail et du nombre d'heures travaillées ;

28. La « sélection » des ouvrières ne se base sur aucun critère relatif à un niveau d'instruction ou à des connaissances de base, surtout pour les exploitations, à l'exception d'une préférence en termes d'âge et de statut matrimonial.

29. Le *wakkaf* est le recruteur. Généralement, dans d'autres marchés du travail, il joue un rôle d'intermédiaire. Dans le secteur des fraises, il a la particularité d'avoir aussi le statut de caporal : il est chargé, en plus du recrutement des travailleuses, de leur transport, de leur contrôle dans les lieux de travail et de leur paiement. Il lui revient aussi de « négocier » les termes du contrat de travail avec les ouvrières. Il est ainsi le seul interlocuteur des travailleuses, qu'il soit dans l'exploitation agricole ou à la station de valorisation, qu'un contrat ait été conclu ou non entre la travailleuse et l'employeur.

- Leurs droits sont bafoués, en l'absence de contrats et d'inscription à la CNSS, etc. ;
- La domination masculine est amplifiée : à leur soumission au sein de la famille, s'ajoute celle à leur employeur, au superviseur, au *wakkaf* et au transporteur – sans oublier aux voisins, puisqu'elles doivent se camoufler dans les foulards et les jellabas ;
- Au lieu que le travail soit une source de reconnaissance et de valorisation sociale, elles sont stigmatisées.

Il est clair que ce travail dans les exploitations de fraises n'a pas créé de changement positif dans la vie des ouvrières ni dans les rapports qu'elles entretiennent avec leur famille et leur communauté. Il a même renforcé leur précarité et leur domination par leur entourage.

Quelle est en général la situation des femmes en milieu rural, en termes d'employabilité et d'accès aux droits ?

En milieu rural, les femmes contribuent considérablement à l'économie, notamment à la production agricole. Toutefois, en comparaison avec les hommes, elles souffrent de discriminations en matière d'accès aux ressources de production, aux bénéfices générés ainsi qu'aux instances de prise de décision communautaires, au niveau local, régional et national. Malgré les efforts déployés en matière de gendérisation des politiques publiques de développement rural, les femmes sont défavorisées à plusieurs niveaux.

D'abord, par l'invisibilité du travail domestique : 73,7 % des femmes rurales travaillent pour le compte de leur famille. C'est à elles qu'incombent toutes les tâches ménagères, la collecte et la gestion de l'eau potable, la gestion du bétail et le travail dans les plantations familiales. Ce travail n'est ni rémunéré ni comptabilisé dans les statistiques nationales. Il est invisible et donc non reconnu.

Ensuite, par l'inégalité d'accès au foncier : les femmes rurales se heurtent à un obstacle majeur, à savoir l'accès et le contrôle de la propriété foncière, qui est un facteur central dans l'emploi rural et la production de revenus. Les femmes rurales propriétaires de terres ne représentent qu'1 % des Marocaines contre 7 % en milieu urbain. 2,5 % seulement de la superficie agricole utile est gérée par des femmes, soit 4,4 % des exploitations agricoles. Cette situation résulte de la fréquente exclusion des femmes de l'héritage immobilier et foncier au profit des hommes de leur famille (frères, oncles ou cousins), exclusion compensée souvent par un équivalent en argent ou autre.[30] « Les fermes exploitées par des femmes sont des micro ou petites exploitations : plus de 7 sur 10 ont une superficie agricole utile inférieure à 3 hectares (par rapport à 5 sur 10 pour les hommes) »[31], note le CE-BSG.

Troisièmement, les femmes sont défavorisées par la faible représentativité dans les instances communautaires de prise de décision : vu les normes et les mœurs, les femmes rurales ont été toujours exclues des instances communautaires de gestion des ressources naturelles et, malgré les changements qu'a connus la société marocaine ces deux dernières décennies, elles y sont faiblement représentées. À cause de cette absence ou de cette faible représentativité, les femmes rurales sont exclues des processus d'accès à l'information et de prise de décision relatives à la gestion des ressources naturelles, notamment les ressources en eau et les espaces pastoraux, etc.

30. La compensation est une pratique sociale conventionnelle selon les localités et les régions.
31. CE-BSG, *Fascicule sectoriel 5, op. cit*, p. 24.

Enfin, les femmes ont difficilement accès aux services financiers : contrairement aux hommes, de par leur faible présence dans les instances communautaires de prise de décision qui accordent des prêts ou peuvent présenter des garants auprès des institutions ou des programmes qui financent des prêts, les femmes rurales ne sont pas, ou rarement, informées sur la possibilité d'accéder aux services financiers. Elles ne bénéficient pas ou rarement des prêts. Ainsi, elles trouvent plus de difficultés que les hommes à investir dans des équipements importants ou des intrants. Ceci en pousse certaines à renoncer et limite leurs chances de développer leurs productions et par suite leurs revenus.

Qu'en est-il des lois et de la Constitution ? L'approche genre est-elle institutionnalisée dans les politiques publiques ?

Le Maroc a signé et ratifié la plupart des instruments internationaux[32] relatifs à l'instauration et la promotion de l'égalité entre les hommes et les femmes. Ce faisant, il s'est engagé politiquement à promouvoir les droits des femmes : droits politiques, civils, socio-économiques, culturels et environnementaux. La Constitution de 2011 affirme la nécessité de « bannir et combattre toute discrimination à l'encontre de quiconque, en raison du sexe »[33] et consacre l'égalité et la parité

32. Convention internationale sur l'élimination de toutes les formes de discrimination raciale (18 décembre 1970) ; Pacte international relatif aux droits économiques, sociaux et culturels (PIDESC) (3 mai 1979) ; Pacte international relatif aux droits civils et politiques (PIDCP) (3 mai 1979) ; Convention sur l'élimination de toutes les formes de discrimination à l'égard des femmes (CEDEF ou CEDAW) (22 juin 1993) ; Convention concernant la lutte contre la discrimination dans le domaine de l'enseignement (30 août 1968) ; Convention relative aux droits de l'enfant (21 juin 1993) ; Convention de l'Organisation internationale du travail contre la discrimination (emploi et profession) (27 mars1963) ; Convention de l'Organisation internationale du travail sur l'égalité de rémunération (9 novembre 1970).

33. Préambule de la Constitution de 2011.

entre les sexes.[34] Elle vise à renforcer cet engagement par la création de nouveaux mécanismes institutionnels dédiés au respect et à la promotion des droits humains, notamment ceux des femmes, ainsi que d'autres mécanismes entièrement dédiés à la question de l'égalité et de la parité entre les hommes et les femmes, tels que l'Autorité pour la parité et la lutte contre toutes formes de discrimination (APALD). De plus, selon l'article 31 de la Constitution, le Maroc s'engage à œuvrer à tous les niveaux pour assurer un accès égal des femmes et des hommes, entre autres, aux soins de santé, à la protection sociale, à la couverture médicale et à la solidarité mutualiste ou organisée par l'État, à l'éducation, à l'emploi et au développement durable.[35] Ainsi, à travers sa Constitution, le Maroc, en consacrant la suprématie des conventions internationales qu'il a ratifiées sur les lois nationales et en s'engageant à harmoniser ces dernières avec les instruments internationaux[36], s'oblige à réformer sa législation et ses institutions dans le sens de la promotion de l'égalité de genre.

L'institutionnalisation de l'approche genre est un chantier lancé depuis 2002. Cela sous-entend l'élaboration, la mise en œuvre et le suivi-évaluation de politiques et d'actions publiques sensibles au genre, c'est-à-dire sensibles aux particularités des hommes et des femmes et qui prennent en considération les préoccupations, les expériences et les spécificités de la vie de chaque sexe, que ce soit au niveau de l'élaboration, de la mise en œuvre, du suivi et de

34. Constitution de 2011, article 19 : « L'homme et la femme jouissent, à égalité, des droits et libertés à caractère civil, politique, économique, social, culturel et environnemental, énoncés dans le présent titre et dans les autres dispositions de la Constitution, ainsi que dans les conventions et pactes internationaux dûment ratifiés par le Royaume et ce, dans le respect des dispositions de la Constitution, des constantes et des lois du Royaume. L'État marocain œuvre à la réalisation de la parité entre les hommes et les femmes. Il est créé, à cet effet, une Autorité pour la parité et la lutte contre toutes formes de discrimination. »
35. Constitution de 2011, article 31.
36. Préambule de la Constitution de 2011.

l'évaluation. Il s'agit d'éliminer les discriminations et les inégalités et de promouvoir l'égalité. Cela ne consiste pas seulement à prendre en compte de manière systématique et transversale l'aspect genre dans toutes les politiques et les actions des institutions publiques, mais aussi à les réorganiser en tant que structures. Depuis l'adoption de ces dispositions, le Maroc a enregistré d'importantes avancées législatives[37] et institutionnelles[38] en matière de promotion de l'égalité entre les sexes.

Ces politiques et ces actions prennent en considération les besoins spécifiques[39] et les intérêts stratégiques[40] aussi bien des hommes que des femmes. Or, les inégalités entre hommes et femmes sont des inégalités de droits et d'accès aux droits, des inégalités d'accès et de

37. Code de la Famille, loi n° 103.13 relative à lutte contre les violences à l'égard des femmes, loi n°19-12 relative au travail domestique, etc.

38. Autorité pour la parité et la lutte contre toutes les formes de discrimination (APALD), Commission pour la parité et l'égalité des chances (CPEC), Observatoire national de lutte contre la violence à l'égard des femmes (ONVEF), etc.

39. Il s'agit des « besoins en relation avec l'amélioration des conditions de vie : par exemple, l'eau potable, l'énergie, les soins de santé, l'éducation, les revenus, les moyens de production, etc. » (PNUD, *Guide pour l'institutionnalisation de l'approche genre*, 3 octobre 2022, p. 68, disponible sur https://www.undp.org/sites/g/files/zskgke326/files/migration/dz/UNDP-DZ-Guide_genre.pdf (consulté le 17 octobre 2022). Il s'agit aussi des « besoins de la vie quotidienne des femmes et des hommes en fonction de leurs rôles traditionnels et de la division sexuelle du travail. Ex : eau, alimentation, santé, éducation des enfants, etc. » (Ministère de la Solidarité, de la Femme, de la Famille et du Développement social, *Guide sur l'intégration transversale de l'égalité de genre dans les politiques publiques*, le 3 octobre 2022, p. 11. Disponible sur https://www.cawtarclearinghouse.org/storage/4931/Pr%c3%a9sentation-du-Guide-sur-l%e2%80%99Int%c3%a9gration-Transversale-de-l%e2%80%99Egalit%c3%a9-de-Genre-dans-les-politiques-publiques.pdf (consulté le 17 octobre 2022)).

40. Il s'agit des « besoins en relation avec l'amélioration du statut des femmes et la transformation des rapports inégalitaires entre les hommes et les femmes » (PNUD, *Guide pour l'institutionnalisation de l'approche genre, op. cit.*, p. 68). Il s'agit aussi de l'« ensemble des objectifs pour la réalisation de l'égalité de genre dans une société. Ex : égalité d'opportunité, accès à la protection juridique, accès et contrôle aux ressources, à la participation dans la prise de décision, etc. » (Ministère de la Solidarité, de la Femme, de la Famille et du Développement social, *Guide sur l'intégration transversale de l'égalité de genre dans les politiques publiques, op. cit.*, p. 11.

contrôle des ressources et des bénéfices, et des inégalités d'influence ou de prise de décision au sein du ménage, des communautés et de la société.[41] C'est pourquoi ces politiques et ces actions publiques sensibles au genre permettent aux femmes comme aux hommes de jouir et d'accéder aux mêmes droits, aux mêmes opportunités et aux mêmes devoirs, aussi bien dans la sphère privée que publique, d'acquérir une autonomie aussi bien morale que matérielle, et enfin d'être capable de prendre des décisions à toutes les échelles, aussi bien micro que méso et macro. La gendérisation des interventions publiques (*gender mainstreaming*)[42] va dans le sens de la démocratie participative et représentative, des droits humains et d'un développement durable, équitable et égalitaire.

Que faut-il faire pour lutter activement contre les discriminations envers les femmes au travail et augmenter leur participation d'une manière significative et qualitative dans le milieu du travail au Maroc ?

Au Maroc, l'approche genre a été instaurée dans les politiques publiques depuis 2002. Bien avant, le Maroc a aussi adopté une

41. Banque Mondiale, *Genre et développement économique : vers une égalité des sexes dans les droits, les ressources et la participation*, 2003, pp. 4-6.
42. Selon la définition du Conseil de l'Europe, le *gender mainstreaming* est « la (ré) organisation, l'amélioration, l'évolution et l'évaluation des processus de prise de décision, aux fins d'incorporer la perspective de l'égalité entre les femmes et les hommes dans tous les domaines et à tous les niveaux, par les acteurs généralement impliqués dans la mise en place des politiques ».

approche intersectorielle[43]. Cela impose à chaque département ou institution d'élaborer ses politiques et ses actions publiques selon une approche genre et une approche intersectorielle, c'est-à-dire non seulement sensibles aux spécificités des hommes et des femmes, mais aussi prenant en considération la relation de cause à effet de l'objet de ces actions avec celles des autres départements sectoriels.

Or, en faisant, dans le cadre de mes recherches pour ma thèse de doctorat, une lecture analytique selon le genre des actions de certains départements publics, j'ai remarqué que ces derniers adoptent une approche sexospécifique, et non pas une approche genre. En effet, les actions publiques omettent les mutations que connaît la société marocaine ; les discriminations dont souffrent, en matière de protection sociale, les ouvrières agricoles, notamment dans le secteur des fraises, en sont un exemple concret. J'ai aussi constaté que ces départements continuent à travailler indépendamment les uns des autres, même si chaque problème entre directement ou indirectement dans les compétences de plus d'un département. Cette lecture confirme que les problèmes des femmes constituent un cercle vicieux où chaque sujet est en relation de cause à effet avec les autres, quelle que soit la nature du secteur dont il relève.

Prenons par exemple la lutte contre l'analphabétisme : certes il relève de la compétence de l'Agence nationale de lutte contre

43. La Fédération nationale d'éducation et de promotion de la santé explique : « L'action intersectorielle suppose la mobilisation de plusieurs secteurs et requiert un partage des responsabilités entre les secteurs concernés. Il s'agit de dépasser la simple réunion ou juxtaposition de plusieurs secteurs (voire l'instrumentalisation d'un secteur par l'autre) pour résoudre un problème ou se saisir d'un objet d'intervention. Dans une perspective intersectorielle, les secteurs s'engagent résolument dans une approche conjointe, co-créée, dont le mode d'opération se situe en dehors de la hiérarchisation des champs concernés. » Cf. *La santé dans toutes les politiques : le défi de l'intersectorialité,* Assises nationales 2019, Disponible sur https://www.fnes.fr/wp-content/uploads/2019/09/Intersectorialit%C3%A9-Approches-en-PS-VDEF.pdf (consulté le 17 octobre 2022).

l'analphabétisme (ANLCA), mais plusieurs autres départements publics sont concernés et interpellés pour agir dans ce chantier, du fait que l'analphabétisme constitue un des facteurs qui influe sur la possibilité d'atteindre des objectifs. L'analphabétisme est en effet une des causes de la mortalité maternelle et infantile, de l'accès inégal des femmes aux droits sociaux tels que la protection sociale, aux droits économiques puisqu'elles ignorent le contenu du Code du travail, comme le Salaire minimum agricole garanti (Smag).

La question de droit à l'avortement est un autre exemple édifiant : même au cas où la grossesse résulte d'un viol ou d'une agression sexuelle, comme c'est le cas pour des ouvrières agricoles qui ont été agressées ou violées par le transporteur, le superviseur ou un collègue, si la femme ne peut pas avorter et se trouve obligée de garder l'enfant, elle est chassée par sa famille et livrée à elle-même et aux vicissitudes de la rue. En plus, à cause de la situation difficile de sa mère, l'enfant, une fois né, vit dans des conditions défavorables qui ne lui garantissent pas une bonne santé ni l'accès à l'éducation. On a ainsi des enfants analphabètes ou peu instruits qui plus tard, sans niveau d'instruction et sans qualification professionnelle, arrivent tôt sur le marché du travail, et sont à la merci de toutes les formes d'exploitation et de discrimination, surtout quand il s'agit de filles.

La pauvreté et la vulnérabilité se reproduisent. C'est pourquoi plusieurs départements publics sont concernés : l'ANLCA, le ministère de la Santé, le ministère de l'Inclusion économique, de la Petite Entreprise, de l'Emploi et des Compétences, le ministère de la Justice, le ministère de la Solidarité, de l'Insertion sociale et de la Famille, etc.

Par conséquent, la réussite du chantier de la démocratie participative et représentative, et d'un développement durable, équitable et égalitaire au Maroc demeure tributaire de l'instauration d'un management public sensible au genre et qui adopte l'approche intersectorielle. Cela suppose de surmonter les obstacles liés à la nature des rapports sociaux entre les sexes, qui entravent la participation des hommes et des femmes. Pour ce faire, il faut mettre en place, simultanément, dans le cadre d'une meilleure coordination et en cohérence avec les autres départements et institutions publics concernés, des mesures et des actions spécifiques aux femmes, ainsi que d'autres actions générales, destinées, d'abord, aux femmes et aux hommes pour répondre à leurs besoins spécifiques et à leurs intérêts stratégiques, et ensuite, aux agents sociaux pour les sensibiliser à l'utilité d'un changement social pour toute la société.

Zoubida Reghay est docteure en politiques publiques égalitaires et experte en développement durable, local et égalitaire ainsi qu'en coopération internationale. Depuis plus de vingt ans, elle pilote des programmes de lutte contre la pauvreté, d'intégration économique des femmes, d'insertion des jeunes dans la vie active et d'instauration de la culture des droits humains.

Les auteur.e.s

Oumayma Aghzere

Oumayma Aghzere est étudiante en maîtrise d'anthropologie à l'université de Laval au Canada. Elle est titulaire d'un master en Diversité culturelle et patrimoine, ainsi que d'une licence en Sciences de l'archéologie et du patrimoine, option anthropologie de l'Institut national des sciences de l'archéologie et du patrimoine (INSAP) à Rabat. Tout au long de son parcours, elle s'est intéressée aux manifestations artistiques féminines au Maroc.

Soundouss Chraïbi

Soundouss Chraïbi est journaliste pour le magazine *TelQuel* et a réalisé plusieurs sujets culturels et sociétaux. Elle dirige notamment la rubrique littéraire Qitab et le podcast du même nom qui suivent l'actualité du livre marocain.

Sara El Ouedrhiri

Sara El Ouedrhiri est doctorante spécialisée en études de genre. Ses recherches portent sur l'intersection entre le droit, la théologie et les violences basées sur le genre. Elle est militante féministe et défenseuse du développement humanitaire participatif, global et inclusif. Son parcours professionnel combine l'action civile et académique. Elle s'intéresse aux droits humains et aux questions de genre, à l'autonomisation des jeunes, ainsi qu'aux arts, au dialogue interculturel et à la préservation culturelle.

Hicham Houdaïfa

Journaliste depuis 1996, Hicham Houdaïfa a travaillé notamment au *Journal hebdomadaire*. Il s'intéresse essentiellement aux sujets sociétaux : liberté de culte, droits des femmes, situation des migrants subsahariens… Cofondateur d'En toutes lettres, il dirige la collection Enquêtes. Il est l'auteur de plusieurs ouvrages parus chez En toutes lettres : *Dos de femme, dos de mulet, les oubliées du Maroc profond* (2015), *Extrémisme religieux, plongée dans les milieux radicaux du Maroc* (2017, prix spécial du jury du prix Grand Atlas 2017) et *Enfance au Maroc, une précarité aux multiples visages* (2020). Il a contribué aux ouvrages collectifs *Migrations au Maroc : l'impasse ?* (2019) et *Maroc : justice climatique, urgences sociales* (2021).

Oumaima Jmad

Oumaima Jmad a 29 ans et est née à Meknès. Elle est lauréate du master Genre, sociétés et cultures de la faculté des lettres et sciences humaines Aïn Chock de Casablanca. Actuellement, elle prépare son doctorat au sein du Laboratoire de recherche sur les différenciations socio-anthropologiques et les Identités sociales (LADSIS) relevant de la même faculté. Activiste féministe, elle est engagée dans des projets de lutte contre les violences fondées sur le genre et la promotion de l'égalité avec l'Association marocaine pour les droits des femmes (AMDF). À travers le programme Openchabab porté par la maison d'édition indépendante En toutes lettres, elle s'est initiée au journalisme d'investigation. Elle a contribué à l'ouvrage collectif *Maroc : justice climatique, urgences sociales* (En toutes lettres, 2021).

Abdessamad Khadiri

Abdessamad Khadiri est doctorant en sociologie à l'université Abdelmalek Assaadi de Tétouan. Il a obtenu en 2019 son master en sociologie urbaine à l'université Mohammed V de Rabat, spécialisé en transformations sociales et spatiales et mouvements sociaux. Ses recherches actuelles portent sur la durabilité environnementale dans l'espace urbain, la migration et l'art et la culture, mais aussi l'histoire orale des Gnawa dans le sud-est du Maroc. Il a récemment cosigné un article sur « Les politiques religieuses créatrices de paradoxes sociaux », dans les policy paper du programme Jil pour les jeunes leaders et chercheurs, au sein du Centre Menassat pour les recherches et les études sociales. Il est aussi coauteur d'un policy paper intitulé « La gestion des oasis : discours et pratiques contradictoires », publié sur le site de l'Institut marocain d'analyse des politiques (MIPA) : cet article a reçu le second prix au concours Policy Paper Awards du même institut.

Salaheddine Lemaizi

Journaliste basé à Casablanca, Salaheddine Lemaizi travaille sur les thématiques de justice sociale et environnementale. Il est lauréat de plusieurs prix au niveau national et international, dont le Migration Media Award en 2017. Il est président du Réseau marocain des journalistes des migrations (RMJM). En 2021, il a cofondé le média indépendant en ligne Enass.ma. Il a contribué aux ouvrages collectifs parus chez En toutes lettres, *Migrations au Maroc : l'impasse ?* (2019) et *Maroc : justice climatique, urgences sociales* (2021).

Dounia Z. Mseffer

Dounia Z. Mseffer est membre fondatrice du Réseau marocain des journalistes des migrations (RMJM) et membre de l'Union de la presse francophone. Journaliste depuis 2002, elle traite essentiellement de sujets sociétaux : droits des femmes, droits des personnes en situation de handicap, précarité au Maroc, mariage des enfants, situation des migrants au Maroc et ailleurs, impact des changements climatiques sur les populations locales… Entre 2019 et 2020, elle a coréalisé pour le compte de l'Unesco une étude sur les perceptions sociales à l'égard des personnes en situation de handicap au Maroc, ainsi que des capsules vidéo et des podcasts documentaires sur cette thématique. Elle a également participé à l'élaboration de *Migrations au Maroc : l'impasse ?* (2019) et de *Maroc : justice climatique, urgences sociales* (2021), deux ouvrages collectifs parus aux éditions En toutes lettres. Très engagée, elle milite pour les droits des femmes à travers son travail de journaliste et soutient plusieurs associations féminines. Elle est également membre d'associations œuvrant dans le domaine du handicap mental.

Leila Saheb Ettabaa

Leila Saheb Ettabaa est née en 1995 à Rabat. Elle a poursuivi des études de littérature et de didactique d'enseignement de la langue française au sein de l'École normale supérieure de Rabat et enseigne actuellement dans le secondaire qualifiant. En parallèle, après un master en médias et migration à l'Institut supérieur d'information et de communication de Rabat, elle est journaliste indépendante. Passionnée des langues et lauréate d'Openchabab Traduction, elle a également contribué à la traduction de l'anthologie *De la culture marocaine moderne (1917-2004)*, établie par Jalal El Hakmaoui et Abdeljalil Nadem (En toutes lettres, 2022).

Kenza Sammoud

Kenza Sammoud est journaliste et activiste féministe. Après des études en sciences des médias et de la communication à l'université Sidi Mohamed Ben Abdallah de Fès, elle est lauréate du département Genre et politiques publiques de l'université du Kansas aux États-Unis. Elle est secrétaire générale adjointe de l'Observatoire régional du droit à l'information, où elle a piloté le projet « Approche genre dans le paysage médiatique marocain ».

Dans la même collection

Dos de femme, dos de mulet, les oubliées du Maroc profond

Hicham Houdaïfa | février 2015 | 112 pages | 65 DH / 13 €

Près de 4 000 exemplaires vendus

Traduit en espagnol par **Ana García Jiménez** chez Ediciones del Oriente y del Mediterraneo : *A la mujer y a la mula, vara dura. Las olvidadas del Marruecos profundo.*

« *Exit les définitions abstraites, déconnectées de ce que vivent et ressentent les gens. Exit les chiffres qui en jettent et qu'on manipule à l'envi. Ici, ceux à qui l'on a confisqué la parole peuvent témoigner de leur vécu.* [...] *Huit enquêtes poignantes, écrites sans fioritures, dans un style fluide et très imagé.* [...] *Une lecture douloureuse mais utile, qui tranche avec les habituels discours trompeurs et lénifiants.* » Sana Guessous, *La Vie éco*, 6 mars 2015

« *Une plongée dans un autre temps. C'est pourtant le Maroc d'aujourd'hui qu'il décrit.* » Marion Chastain, *tv5monde.com/terriennes*, 27 mars 2015

« *De ce constat très dur émerge une lueur d'espoir : le travail de fourmi des associations locales, auquel ce petit ouvrage rend, en creux, un hommage indispensable.* » Emmanuel Riondé, *Le Monde diplomatique*, juillet 2015.

Extrémisme religieux, plongée dans les milieux radicaux du Maroc

Hicham Houdaïfa | février 2017 | 94 pages | 65 DH / 13 €

Prix spécial du jury du Prix Grand Atlas 2017

أقنعة التطرف، منابع صناعة الراديكالية الدينية بالمغرب

محمد سموني | فبراير 2017 | 88 ص. | 65 د. / 13 €

« *Para el periodista Hicham Houdaifa, quien acaba de publicar en su éditorial* En toutes lettres, *un libro en version francesa y arabe titulado* Extremismo religioso, *el problema mas grave de Marruecos es la banalisacion del radicalismo.* » Francisco Peregil, *El Pais*, 26 février 2017

Le livre à l'épreuve, les failles de la chaîne au Maroc

Kenza Sefrioui | février 2017 | 100 pages | 65 DH / 13 €

« *Kenza Sefrioui dans* Le livre à l'épreuve […] *analyse la place de la censure, le 'rapport scolaire et utilitaire au livre' et le rôle des pouvoirs publics dans sa diffusion. Si le constat peut pousser au pessimisme, elle clôt son ouvrage en relatant des expériences fraîches et novatrices d'acteurs originaux qu'elle appelle 'nouveaux passeurs de livres', comme autant de pistes de réflexion.* » Jules Crétois, *Jeune Afrique*, N°2941, du 21 au 27 mai 2017.

Dames de fraises, doigts de fée, les invisibles de la migration saisonnière marocaine en Espagne

Chadia Arab | février 2018 | 188 pages | 75 DH / 15 €

Traduit en espagnol par **Ana García Jiménez** chez Ediciones del Oriente y del Mediterraneo.

Traduit en italien par **Ondina Chirizzi** chez Luiss University Press.

« *L'expression "une immigration jetable" employée par l'auteure du livre* […] *correspond aussi au sentiment exprimé par certaines des femmes, humiliées à juste titre de n'être traitées que comme des objets utilisables ou non.* » Denise Brahimi

« *Une migration organisée directement par les exploitants.* […] *L'objectif derrière ce recrutement : "avoir le travail mais pas les travailleuses".* » Felicia Sideris, *LCI*, 30 août 2019

Migrations au Maroc : l'impasse ?

Collectif | décembre 2019 | 166 pages | 65 DH / 13 €

« *Ce recueil d'articles entend pointer le résultat mitigé de la Stratégie Nationale d'Immigration et d'Asile (SNIA) et le résultat des processus de régularisation, en donnant la parole aux migrants – réguliers ou non – venus du continent, et aux acteurs associatifs qui défendent leurs droits.* » Maïne Alloui, *TelQuel*, 18 décembre 2019.

Enfance au Maroc : une précarité aux multiples visages ?

Hicham Houdaïfa | octobre 2020 | 134 pages | 65 DH / 13 €

« *C'est un livre/enquête criant de vérité. Entre analyse, témoignages de victimes et récits d'acteurs sociaux,* Enfance au Maroc. *Une précarité aux multiples visages, publié aux éditions En toute lettres, dresse un bilan sévère et alarmant de la situation des enfants au Maroc.* » Amine Boushaba, *L'Économiste*, 9 octobre 2020.

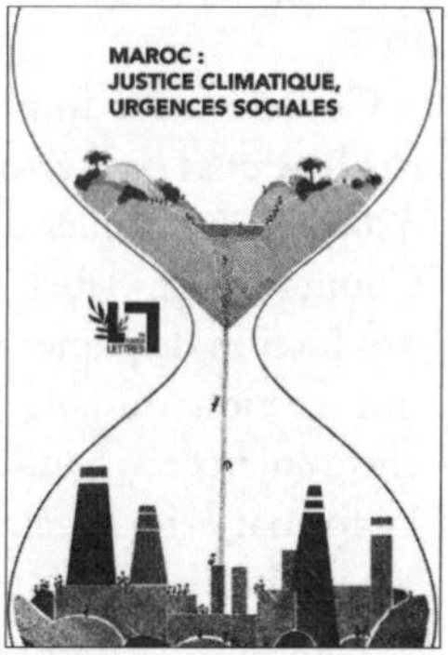

Maroc, justice climatique, urgences sociales

Collectif | septembre 2021 | 216 pages | 65 DH / 13 €

« *Comme souvent chez En toutes lettres, la dimension humaine du travail journalistique est palpable, les témoignages sont forts et parlants, et un hommage est rendu au travail de la société civile.* » Soundouss Chraïbi, *TelQuel*, n°965, du 24 au 30 septembre 2021.

ETL Vert et solidaire

EN TOUTES LETTRES s'engage pour une édition respectueuse de l'environnement et de l'écosystème du livre.

Ce livre a été imprimé sur du Bouffant Ivoire 80 g/m2 lisse et sa couverture sur du Conqueror CX22 Cream 320g/m2, un papier certifié FSCTM (Forest Stewardship Council). Ce label environnemental certifie que la production de papier respecte les procédures garantissant une gestion durable des forêts, en assurant l'équilibre entre enjeux économiques, environnementaux et sociaux. Le format évite le gaspillage de papier, la couverture n'est pas pelliculée et le film plastique est recyclable.

Zéro pilon – Respect de la chaîne du livre

Ce volume a été achevé d'imprimer
sur les presses de Direct Print à Casablanca
pour le compte des éditions En toutes lettres
novembre 2022

Imprimé au Maroc
Dépôt Légal : 2022MO4658